高等职业教育混合所有制改革的理论与实践

赵 渊◎著

中国社会科学出版社

图书在版编目（CIP）数据

高等职业教育混合所有制改革的理论与实践 / 赵渊著. —北京：中国社会科学出版社，2020.5
ISBN 978-7-5203-6167-5

Ⅰ. ①高… Ⅱ. ①赵… Ⅲ. ①高等职业教育－混合所有制－所有制改革－研究－中国　Ⅳ. ①G719.21

中国版本图书馆CIP数据核字（2020）第051366号

出 版 人	赵剑英
责任编辑	许　琳
责任校对	鲁　明
责任印制	郝美娜

出　　版	中国社会科学出版社
社　　址	北京鼓楼西大街甲158号
邮　　编	100720
网　　址	http://www.csspw.cn
发 行 部	010-84083685
门 市 部	010-84029450
经　　销	新华书店及其他书店

印刷装订	北京市十月印刷有限公司
版　　次	2020年5月第1版
印　　次	2020年5月第1次印刷

开　　本	710×1000　1/16
印　　张	13.75
字　　数	196千字
定　　价	78.00元

凡购买中国社会科学出版社图书，如有质量问题请与本社营销中心联系调换
电话：010-84083683
版权所有　侵权必究

前　　言

关注到高等职业教育的混合所有制改革，有着多重的因素。一方面，我工作所在地浙江省，民营经济高度发达、体制机制创新走在全国前列，国有企业混合所有制改革成功实践产生巨大的改革效益，这一片改革热土上涌起的新兴改革潮流让无数人为之振奋。与此同时，我所供职的浙江传媒学院与浙江华策影视集团共建浙传华策电影学院，拉开了浙江省公办本科院校混合所有制改革的序幕，虽然它不是职业教育序列的改革样本，也让我得以有机会在理论与实践层面近距离观察与思考教育领域混合所有制改革的方方面面，并由此成功申报了浙江省软科学重点研究项目。

在开启这片领域研究后，我深深感受到了两个惊叹。第一个惊叹是产权结构这一关键改革枢纽的启动，能够产生出如此强大的裂变力量，高校与企业、国有资本与非国有资本第一次如此紧密地结合在一起，市场的优势、人才的优势、资本的优势、产业的优势、管理的优势萃化出全新的高等职业教育的办学竞争力，并显著提升了高校对产业转型升级及区域发展的贡献率；第二个惊叹是不同主体在合作中迸发出来的巨大创新力与包容力。高等职业教育的混合所有制改革，国家在政策层面只有原则性指导意见，"鼓励有条件的地区探索推进混合所有制改革，允许企业以资本、技术、管理等要素依法参与办学并享有相应权利"。高等职业教育混合所有制改革怎么走、往哪个方向走，股权比例有没有边界设定、决策机制与治理模式如何建构、非公资本投入的收益机制如何确定、人员身份关系及薪酬体制如何突破、如何防止国有资产流失等问题有待改革主体在实践中探索与明确。特别值得欣喜的是，短短几年来，我国各地高校的改革实践者们，不等不靠不要，摸着石头过河，探索出了各具特色的改革实践成功样本，为高等职业教育混合所有制摸索出了很多条新路。这也让我在研究中有了更多的思考与使命，能不能对全国各地高等职业教育混合所有制改革的案例进行梳理和分析，系统总结其中的经验与不足；对高等职业教育混合所有制改革的政策体系进行梳理，更加科学精准把握政策演变轨迹及核心要义；对困扰高等职业教育所有制改革的共性问题、重大疑难做出理论与实践的思考与解答，为各级各类职业院校改革主体和政府部门提供建议等。于是就有了写作本书的初衷。

《高等职业教育混合所有制改革理论与实践》一书主要聚焦为什么改，厘清改革的背景、意义及目标；怎么改，重点分析改革的主要形态、基本模式、实施策略及发展路径等。本书专门对我国高等职业教育的政策轨迹进行了详细分析，进一步明确改革政策的演变轨迹及动因。对近几年来涌现的代表性改革样本进行了全面分析，从基本办学状况、主要改革思路、改革模式、改革瓶颈、主要改革经验及政策诉求等各个方面进行了详细分析论证，在实践层面提供更加全面与鲜活的比对、研判素材。在案例分析基础上，本书全面阐述了高等职业教育混合所有制改革的价值取向、基本特征、主要形态、实施策略及发展路径等，提出了高等职业教育混合所有制改革的系统化改革方案，希望能为从事高等职业教育混合所有制改革研究与实践的高校工作者提供帮助。

作者在本书写作过程中实地走访了全国 11 个省市 20 余所高校，查阅了近百万字的素材，也得到了高等职业教育领域特别是混合所有制改革领域众多专家的指点，在此深表感谢！

赵　渊
于浙江传媒学院 2020 年 1 月

目 录

第一章 高等职业教育混合所有制改革的研究背景及现状述评 …… 1
  一 研究背景与意义 …… 1
    （一）研究背景 …… 1
    （二）研究意义 …… 2
  二 研究现状与述评 …… 4
    （一）当前国内外研究现状 …… 4
    （二）当前研究现状的综合述评 …… 7
  三 研究的论域 …… 8
    （一）核心概念的厘定 …… 8
    （二）研究中需要解决的关键问题 …… 12

第二章 高等职业教育混合所有制改革的政策沿革 …… 16
  一 高等职业教育政策的发展及其对"混改"的影响 …… 17
    （一）高等职业教育政策的初步萌芽 …… 17
    （二）高等职业教育政策体系的持续完善与优化 …… 18
    （三）高等职业教育政策的巩固深化与跃迁 …… 21
  二 高等职业教育混合所有制改革政策的孕育与突破 …… 24

第三章 高等职业教育混合所有制改革的理论梳理 …… 28
  一 产权理论 …… 28
  二 委托代理理论 …… 30
  三 利益相关者理论 …… 32

第四章 高等职业教育混合所有制办学的典型案例分析 ……… 37
一 学校层面的混合所有制改革——山东海事职业学院办学探索…… 37
（一）基本情况 ……………………………………………… 37
（二）办学特征 ……………………………………………… 39
（三）改革成效 ……………………………………………… 41
（四）主要问题 ……………………………………………… 44
（五）核心诉求 ……………………………………………… 45
二 法人的构建与突破——宁波职业技术学院的混合所有制办学探索 ………………………………………………………… 45
（一）基本情况 ……………………………………………… 45
（二）混改成效 ……………………………………………… 51
（三）主要问题 ……………………………………………… 51
（四）核心诉求 ……………………………………………… 52
三 全国首家混合所有制汽车学院——台州职业技术学院的混合所有制办学探索 ……………………………………………… 52
（一）基本情况 ……………………………………………… 52
（二）校企深度融合 ………………………………………… 55
（三）教学改革 ……………………………………………… 57
（四）合作提升育人水平 …………………………………… 58
（五）混改成效 ……………………………………………… 60
（六）主要问题 ……………………………………………… 60
（七）核心诉求 ……………………………………………… 61
四 股份制——衡水职业技术学院的混合所有制办学实践 …… 61
（一）基本情况 ……………………………………………… 61
（二）办学特征 ……………………………………………… 63
（三）混改成效 ……………………………………………… 64
（四）主要问题 ……………………………………………… 65
（五）核心诉求 ……………………………………………… 65
五 企业控股——广安职业技术学院的混合所有制办学实践 …… 66
（一）基本情况 ……………………………………………… 66

（二）混合所有制办学契约状况 …………………………………… 68
（三）混改成效 …………………………………………………… 69
（四）主要问题 …………………………………………………… 71
（五）核心诉求 …………………………………………………… 72

第五章 高等职业教育混合所有制改革的价值取向、基本特征及主要形态 ……………………………………………………… 73
一 高等职业教育混合所有制改革的价值取向 ……………………… 73
（一）坚持育人为本的价值取向 …………………………………… 73
（二）坚持最大化撬动高等职业教育竞争力提升的取向 ………… 74
（三）坚持混合所有制高等职业教育的整体公益性价值取向…… 75
（四）坚持市场主体阶段性、短期性目标服从于高等职业教育的长期性、战略性目标的价值取向 ……………… 76
二 高等职业教育混合所有制改革的基本特征 ……………………… 77
（一）关于"多主体融合" ………………………………………… 77
（二）关于"产权治权高度一体化" ……………………………… 78
（三）关于"全要素配对" ………………………………………… 79
三 高等职业教育混合所有制改革的主要形态 ……………………… 80

第六章 高等职业教育混合所有制办学的多主体参与 …………… 85
一 政府的职能角色 …………………………………………………… 85
二 企业的参与及其角色职能分配 …………………………………… 85
三 行业协会的系统介入 ……………………………………………… 89
四 高校联盟的探索 …………………………………………………… 91
五 家庭与社会的角色定位 …………………………………………… 92

第七章 高等职业教育混合所有制办学的实施策略 ……………… 96
一 "下"的实践摸索与"上"的政策适配同步并行 ………………… 96
二 典型样本重点培育与示范引导 …………………………………… 97
三 充分发挥改革枢纽杠杆力量 ……………………………………… 98

四　注重改革的综合配套设计 ………………………………… 99
　　五　发挥高等职业教育扩招的红利效应 ………………………… 100
　　六　注重人工智能等技术变革对高等职业教育混合所有制改革的
　　　　红利效应释放 ……………………………………………… 101
　　七　发挥普通本科教育改革对高等职业教育混合所有制办学的
　　　　联动牵引作用 ……………………………………………… 103

第八章　高等职业教育混合所有制改革的发展路径　106
　　一　高等职业教育混合所有制改革的办学理念厘清 …………… 106
　　　　（一）多元产权结构下的办学理念循证模式 ………………… 106
　　　　（二）多元产权结构下办学价值共识形成 …………………… 108
　　二　高等职业教育混合所有制改革的人才培养机制 …………… 110
　　　　（一）构建实战化、精细化、前沿性人才培养理念 ………… 110
　　　　（二）探索更具层次感与竞争力的人才目标 ………………… 112
　　　　（三）构建项目化、产业化的产教深度融合培养模式 ……… 112
　　　　（四）探索多维、立体、开放课程体系 ……………………… 113
　　　　（五）探索更具适配性与牵引力的人才培养评价机制 ……… 115
　　三　高等职业教育混合所有制改革的师资队伍建设 …………… 116
　　　　（一）构建交互融通、实战为先的双师型队伍 ……………… 116
　　　　（二）改革师资培养、使用及评价机制 ……………………… 117
　　　　（三）带职创业等创新型师资涵育道路探索 ………………… 118
　　　　（四）混改后双师队伍建设风险防控 ………………………… 119
　　四　高等职业教育混合所有制改革的学科专业建设 …………… 121
　　　　（一）特色学科专业一体化建设模式探索 …………………… 122
　　　　（二）学科专业深度契入产业的切入口及实现模式 ………… 124
　　　　（三）学科专业生态体系建设探索 …………………………… 125
　　　　（四）学科专业特色评价模式解析 …………………………… 126
　　　　（五）学科专业迁延辐射能力培养及实现 …………………… 128
　　五　高等职业教育混合所有制改革的产学研合作 ……………… 130
　　　　（一）架构全新产学研合作体系 ……………………………… 130

（二）混改后的产学研合作异化风险及其防控 …………… 132
　　　（三）产学研合作正向联动作用及其发挥 ………………… 134
　六　高等职业教育混合所有制改革的资源配置 ………………… 135
　　　（一）新型资源配置架构及其原则 ………………………… 136
　　　（二）新型资源配置的路径创新及效能提升 ……………… 138
　　　（三）新型资源配置的风险防控举措 ……………………… 139
　七　高等职业教育混合所有制改革的文化传承创新 …………… 141
　　　（一）贯通校企的新文化精神打造 ………………………… 142
　　　（二）探索多样化的校园文化建设路径 …………………… 144
　　　（三）发挥校园文化对办学的多元作用 …………………… 147

第九章　高等职业教育混合所有制改革的配套政策体系建设 …… 149
　一　国家宏观政策的具体支持 …………………………………… 149
　二　微观政策的障碍破解及其有效接驳 ………………………… 156
　三　基于可持续发展的政策愿景架构 …………………………… 161

第十章　高等职业教育混合所有制改革的未来期待 ……………… 166
　一　高等职业教育混合所有制改革的未来发展模式与路径探析 … 167
　二　高等职业教育混合所有制改革深度影响未来高等教育改革
　　　发展 …………………………………………………………… 173
　三　高等职业教育混合所有制改革未来深度重构我国产业版图
　　　及其竞争力 …………………………………………………… 194
　四　基于文化视角的高等职业教育混合所有制改革未来审视 …… 200

参考文献 …………………………………………………………… 207

第一章

高等职业教育混合所有制改革的研究背景及现状述评

一 研究背景与意义

(一) 研究背景

中共十八届三中全会指出"国有资本、集体资本、非公有资本等交叉持股、相互融合的混合所有制经济,是基本经济制度的重要实现形式"。2014年《国务院关于加快发展现代职业教育的决定》提出,"探索发展股份制、混合所有制职业院校,允许以资本、知识、技术、管理等要素参与办学并享有相应权利"。党的十九大报告对发展混合所有制经济和深化高等职业教育改革又提出了新的要求,明确指出"深化国有企业改革,发展混合所有制经济,培育具有全球竞争力的世界一流企业""完善职业教育和培训体系,深化产教融合、校企合作"。举办混合所有制高等职业教育是经济新常态背景下我国高等教育的一次重大理论创新与实践探索。

但是"建设混合所有制职业院校"提出五年多来,"关注、议论与精神振奋"多,实践层面的创新案例相对较少,整体推进幅度与原有预期存在一定差距,"雷声大、雨点小";对于混合所有制职业院校建设的研究还较多停留在宏观发展愿景、发展方向等的探索,对于制约发展的核心原因及实践对策,尤其是配套政策体系的研究还有待丰实。近几年来一些高职院校开展混合所有制试点后,在理论与实践层面面临着较多问题，整体推进速度不明显，混合所有制体制机制创新对高等职业院校人才培养质量提升、办学实力增强的拉动作用还不明显，对地方经济转型升级、产业创新发展的贡献度还有待提升。制约混合所有制院校发展的核心症结及其内在原因究竟是什么，其发展路径及实施策略究竟该如何确定，如何确保混合所有制院校建设与国家的政策设计意图相匹配，如何有效促进区域产业经济的转型，混合所有制改革如何为当前我国高等教育改革的深化提供新鲜经验是当前亟待解决的问题。探索高等职业教育混合所有制的改革路径及其政策供给研究，将为我国高职教育改革、经济转型升级、创新强国建设提供重要动力，为全国教育改革发展提供新鲜经验。

（二）研究意义

高等职业院校混合所有制办学，是混合所有制经济形式在高等职业教育领域的灵活运用和积极尝试，是现代职业教育发展的现实需要。高职院校混合所有制办学是通过不同性质、不同形式的资本相互融合，为企业、行业、政府参与高职院校办学拓宽路径，使其在不同层面、不同程度上成为办学主体之一，从而形成社会资源的高效重组，实现优化人才培养结构、提高办学质量、激发办学活力、服务产业发展的目标。

第一，有利于统筹优化教育与产业结构，解决长期以来高职人才培养与产业需求"两张皮"现象。混合所有制办学为行业企业参与办学、成为办学主体提供了更为有利的条件，也使教育与产业真正实现良性互动和协同发展成为可能，使以产业需求为导向的人才培养模式更加健全和完善，从根本上解决职业教育供给与地方产业需求结构性矛盾问题。

第二，有利于推动专业建设与产业升级相适应，解决长期以来专业建设明显滞后于产业升级的现实问题。混合所有制办学使行业企业成为办学主体之一，可以第一时间将产业升级所需要的人才知识结构信息反馈给学校，可以更加主动地参与人才培养方案的修订、教材的开发和实习实训指导，使专业建设与产业升级同步，从而解决专业建设滞后于产业发展、人才培养规格与产业岗位需求匹配度不强的实际问题。

第三，有利于发挥资源集聚效应，解决高职院校发展过程中存在的办学资源不足问题。混合所有制改革允许企业以资本、技术、管理等要素依法参与办学，这就在一定程度上解决了高职院校发展经费不足、师资结构不理想、实训设施更新滞后等诸多实际问题，学校可针对自身的需求，寻找具备相应资源的企业合作，深化"引企入教"改革，从而在弥补自身资源不足的基础上带动学校专业规划、教材开发、课程设置、实习实训、协同创新、社会培训等诸多方面的改革，盘活多方资源，破解学校发展难题。

第四，有利于探索高等教育领域内所有权与经营权整合运行的模式，完善法人治理结构。高职院校混合所有制办学有利于现代产权制度与现代学校制度结合，有利于学校法人治理组织的革新。可以有效解决公办高职院校长期以来形成的管理相对僵化等问题，通过组织重组和管理流程再造，推动法人治理的现代学校制度建设，全方位激发学校办学活力、提升管理效能。

第五，有利于深化高职院校开放办学的教育理念，更好地实现高职人才培养标准的全球化。混合所有制办学为高职院校与海外高校、海外知名企业间的深入合作提供了更多可能，有利于高职院校引入海外优质教学资源，以国际化职业标准为依托，以国际认可的职业证书为补充，开展具有国际先进技术应用能力的职业人才培养。

党的十九大报告指出"我国经济已由高速增长阶段转向高质量发展阶段，正处在转变发展方式、优化经济结构、转换增长动力的攻关期"。混合所有制办学是把经济领域的所有制结构调整模式运用到了教育领域，是高职院校深化教育体制改革的一大创新和突破，对于加快建设现代职业教育体系，破除阻碍高职院校发展的传统体制机制，解决校企合作缺乏资本纽带和机制保障，以及缓解资本、人才和管理的引进等问题，探索富有活力的办学模式，具有深远的现实意义。

二 研究现状与述评

（一）当前国内外研究现状

当前关于高校混合所有制改革的研究主要集中在以下三个方面。

一是对当前我国高校混合所有制改革"个案"经验的分析。徐桂庭在《混合所有制办学：政策分析与实践探索——对广西理工职业技术学院混合所有制办学模式的调研与思考》（中国职业技术教育，2015年）对理事会、执委会、监事会三会并行，决策权、执行权、监督权既相对分离、相互制约又相互协调的运行体系进行了全面介绍。陈斌、唐永泽《民办高职院校实施"混合所有制"的探索与思考——以南通理工学院为例》（职教论坛，2015年）一文基于南通理工学院的办学经验，提出各级政府的大力支持是实施混合所有制办学的前提、科学办学和规范管理是学校实施混合所有制办学的基础、敢抓机遇善抓机遇是学院实施混合所有制办学的关键。段明、黄镇《公办高职院校经营性资产参与的混合所有制办学模式研究》（中国高教研究，2018年）对顺德职业技术学院经营性资产参与的混合所有制办学模式进行了分析，该学校以资产管理公司为产权管理人，与社会资本混合成立具有独立法人资格的混合所有制公司，对二级学院进行托管，充分激发社会资本的产业资源优势与市场优势，提升高职院校的办学竞争力。王志明、黄宇慧、段淑娟《混合所有制二级学院建设的探索与实践》（中国职业技术教育，2018年）以东莞职业技术学院建筑学院建设为例，介绍了政校行企打造协同育人的升级版的主要经验。潘奇《混合所有制职业院校改革的进展、路径及值得关注的问题——基于4所案例院校的分析》（教育与经济，2018年）通过对苏州工业园区职业技术学院、齐齐哈尔工程学院、海南职业技术学院、南通理工学院四所学院的对比分析，认为当前混合所有制职业院校改革的方向与内容已明晰，其改革路径体现在推动学校产权组织结构的多元"混合"，建构"权责一致、高效、激励"的内部治理结构，以及不断创新多方合作办学模式上。作者提出明确混合所有制职业院校法人的营非分类、认定院校身份、保护国有资产、完善内部治理结构以及强化政府引导，是下一步混合所有制职业院校改革应关注的重点问题。

二是对高等教育混合所有制改革的理论层面的思考与分析，大都集中在高等教育混合所有制改革的理论基础、改革依据、现实背景及发展条件、整体改革方向等的宏观思考。比如闫飞龙在《高等职业教育混合所有制改革的理论探索》（国家教育行政学院学报，2016年）一文中指出，冲突理论、公共产品理论、成本分担理论是高校混合所有制改革的依据，高等院校混合所有制改革要坚持政府、学校、企业和学生四者的价值取向与权力的统一。高文杰在《混合所有制职业院校的内涵与意义及其治理分析》（职教论坛，2015年）一文中认为，混合所有制高校要建立股东会、董事会（或理事会）、监事会、校长层与各职能机构或委员会等相互协调与制衡的治理结构等。俞林、周桂瑾《职业院校混合所有制办学的改革困境、路径与现代治理》（教育与职业，2018年）从职业院校混合所有制的办学定位、发展路径及治理结构等角度进行分析，提出以深层资本关系为纽带，从办学理念、专业与课程建设、师资建设、校企合作及资源共享等方面着手，构建职业教育混合所有制"发展共同体"。万卫《混合所有制职业院校共同治理的逻辑基础与实现方式》（职教论坛，2018年）指出混合所有制职业院校共同治理的实现，可以从明确共同目标、鼓励共同参与、优化治理结构和改善治理机制等方面努力。郭盛煌《职业教育混合所有制办学的典型业态、实践之惑与治理路向》（教育与职业，2018年）提出要加快调整教育产权相关法律法规，深化国有资产管理体制和教育行政管理体制改革，构建既能保障出资者权益又能遵循教育规律的现代学校治理结构，探索多元主体办学，丰富职业院校混合所有制办学形式。

三是对高校混合所有制改革某一环节的思考与分析。比如王忠诚、赵东明在《高职校企混合所有制型产学研基地建设研究》（教育发展研究，2015年）一文对构建混合所有制产学研基地进行了深入思考，提出放开制度约束，构建完善的法律体系；坚持采用市场机制，促进合作；坚持现代的治理方式、治理结构和市场化运行机制。宋书彬、方红在《高职混合所有制实训基地运营模式研究》（职教论坛，2015年）在混合所有制的办学视野下对实训基地管理机制设计理念、进入与退出机制设计等进行了分析。陈桂梅、周桂瑾《混合所有制办学模式下校企合作育人问题反思及体系重构》（中国职业技术教育，2018年）认为从现有的校企双主体共建二级学院、产学研科技园、企业大学（学院）等校企合作实体的育人过程来看，混合所有制办学模式下校企合作育人存在来自发展环境、育人质量和管理机制等方面的问题，需要重新审视该模式下人才培养的主体、内容、制度环境等要素，逻辑重构"双向参与式"校企合作人才培养体系。孙杨、王颖《公办高职院校PPP办学治理结构要素及组织原则探索》（教育与职业，2018年）提出公办高职院校引入PPP办学模式是以经济供给侧改革倒逼高职教育供给侧改革的一次重大理论创新和实践探索，PPP办学模式的稳定长效发展需要通过国家政策顶层设计的"微刺激"和基层院校治理理念、治理组织和治理机制改革的"强刺激"双管齐下，发挥市场配置资源的决定性作用和政府的宏观调控作用，实现系统治理、依法治理、源头治理、综合治理。赵章彬《高等职业院校混合所有制改革研究——从治理体系角度》（中国职业技术教育，2019年）指出由于产权主体虚置和投资主体单一，致使我国公办高等职业院校治理体系尚不完善，导致学校缺乏办学活力，提出可以通过开展以多元股权投资为核心的混合所有制改革，在进一步明晰我国高等职业院校产权的基础上，建立和完善治理体系，优化治理结构，提高治理水平和办学活力。

（二）当前研究现状的综合述评

以上研究成果，在学理层面、个案层面或者某一环节层面对高等职业教育混合所有制的实施进行了分析，对高等职业教育混合所有制改革中的技术细节磨合、主体运行架构及治理模式、基于产权变革的深度产学研合作机制、关联风险防控等方面作了有效的探索，适时总结了改革的新经验、对未来改革模式与机制提出了一些创新性思考。但纵观现有的研究成果，还存在以下四个方面的不足。

第一是对于高等院校开展混合所有制办学最核心的"产权变革"及由此对驱动的办学组织体系、人才培养模式及办学机制路径等的深层次变革关注还有不足。产权复合是高等职业教育混合所有制改革的核心，如何在教育语境、教育环境、教育价值体系中科学定义产权复合办学的价值取向，由此厘定混合所有制高等职业院校的治理结构，并带动人才培养模式、科学研究、社会服务、文化传承和国际交流等方面的系列变革，形成系统化的改革方案，现有的研究成果还有很大的提升空间。接下来本专著将高度关注混合所有制改革中最核心的"产权变革"环节，探讨高等职业教育复合型产权的架构原则及架构方式，复合型产权结构对办学模式、治理机制等的全新引领作用，明晰混合所有制院校建设的发展路线图及实施方案，破解当前高等职业教育混合所有制改革之惑、之难，破解高校服务区域经济文化发展之惑、之难，并着力在体制创新上做出具有开创意义的理论成果，夯实当前高等院校混合所有制改革的理论基础，探索形成高校混合所有制改革的"新鲜经验"，为高等教育混合所有制改革的破题及实质性推进提供实践指南，更好助力行业产业及区域经济文化转型升级。

第二，行业或区域先发优势对高等职业院校混合所有制改革催化作用的研究还很不够，特殊与重点"改革样本"的研究亟需"破局"。改革是一项前无古人的探索试验过程,需要"化行业创新之势、区域先发之势为教育改革之势,借行业创新之力、区域先发之力为教育改革之力",汇聚各方面的合力,找准改革的先锋试验样本和突破口,以关键领域与关键样本的破局探索一条改革的新路,这在下一步的研究中有待加强和弥补。

第三,高等职业教育混合所有制改革对经济转型升级、社会发展的促进与贡献作用研究需要深化。高等职业教育混合所有制改革为行业产业及区域发展的贡献率直接决定着改革获得的社会支持度大小,关系到改革潜力的发挥。如何将改革的内容、节奏及方向更加精准对位行业产业及区域创新发展趋势,构筑两者之间的合力机制也是接下来研究的重要内容之一。

第四,对于高等职业教育混合所有制改革的未来愿景研究有待触及。当前人工智能、大数据、生物技术等创新技术发展快速迭代,高等教育改革持续深入,国家治理体系和治理能力现代化成为党和国家的重大时代命题。这些因素的综合作用对高等职业教育混合所有制改革提供了重大变量、更加广阔的空间。高等职业教育混合所有制改革研究不应该仅仅满足当前发展现状的厘清及探索,更要从长远发展的视角审视高等职业教育混合所有制改革的未来,这样的站位和高度有可能为当前的改革提供新的破题视角,这也将成为接下来研究的重点。

三 研究的论域

(一)核心概念的厘定

1. 所有制

所有制是指人对物质资料的占有形式。经济学领域上的所有制通常是指生产资料所有制,它集中反映了生产发展过程中个体或组织之间对生产资料占有的经济关系,是个体和组织行使所有权的行为规范和依据。

根据所有者性质对生产资料进行划分，通常可分为公有制和私有制两类。前者是指生产资料归国家或集体所有，后者是指生产资料归私人所有[①]。

2. 混合所有制

混合所有制是指多种所有制并存的经济制度，其财产权属于不同所有者的经济形式。在宏观层面上，混合所有制通常是指国家或地区的所有制结构的混合性和多样性，即所有制结构由公有制和非公有制经济以及股份制经济等共同组成。微观层面的混合所有制是指经济单位对联合资本的不同所有权进行相互制衡。

张蕾认为，目前混合所有制主要有三种类型：一是公有制经济与私有制经济共同组成的混合所有制组织；二是公有制经济与私人资本联合组成的混合所有制组织；三是公有制经济内部由不同国家所有制经济与集体所有制经济共同组成的混合所有制组织[②]。因此混合所有制既是一种经济制度，还是资本的组织形式。党的十八大报告中关于"混合所有制经济是我国基本经济制度的重要实现形式"的论述，十分明确地界定了混合所有制概念的基本属性，即混合所有制是所有制的实现形式，而不是所有制的一种。

2013 年 11 月，党的十八届三中全会通过的《中共中央关于全面深化改革若干重大问题的决定》提出："积极发展混合所有制经济，国有资本投资项目允许非国有资本参股，允许混合所有制经济实行企业员工持股，形成资本所有者和劳动者利益共同体"。因此混合所有制改革和股份制改革有所区别，是指同一经济组织中由国有、集体、私人、外资等不同产权主体形成的多元投资、互相融合的产权配置结构形态。不同主体的"混合"的方式可以是国有资本、集体资本和非公有资本等交叉持股、相互融合进而实现国有资本的放大及保值增值。结合以上的论

[①] 张蕾：《混合所有制职业院校的发展困境与破解思路》，《职业技术教育》2018 年第 1 期。
[②] 同上。

述,"混合所有制"高等职业院校的概念内涵是指公有办学要素和其他非公有办学要素共同参与组建的高职院校[①]。

3. 高职混合所有制办学

混合所有制办学是在借鉴国有企业混合所有制改革成功经验的基础上,将经济领域的混合所有制改革引入教育领域的全新尝试。

混合所有制高职院校指的是国有资本和非国有资本以产权结合形式组成的新型治理结构及办学模式。不同产权属性主体以资本、技术、人才、场地等办学资源共同参与办学体系的循环过程,其最大的特点和最本质的属性是多元混合。并且将这种多元混合从治理体系延伸到深度产教一体化的人才培养模式,具有高度市场指向性和产业针对性、具有高度产业变现与转化能力的科学研究机制,内嵌入人才培养及科学研究的社会服务机制,以及横跨教育与产业的文化体系等,形成全链一体化的办学模式,构筑独特办学竞争力。

4. 事业单位

事业单位是由国家举办并由财政供养的单位,是我国特色国家治理结构的重要组成部分,具有鲜明的公益性特点。早在20世纪50年代,在《关于1954年国家决算和1955年国家预算的报告》的文件中就已经产生了事业单位的提法。1963年出台的《关于编制管理的暂行办法(草案)》将事业单位定义为:"为国家创造或者改善生产条件,促进社会福利,满足人民文化、教育、卫生等需要,其经费由国家事业费开支的单位"。该文件对事业单位提出了较为明确的解释。此后几十年来,事业单位都承担了为人民群众提供基本公共服务的职能。在1998年颁布的《事业单位登记管理暂行条例》第2条规定:"本条例所称事业单位,是指国家为了社会公益目的,由国家机关举办或者其他组织利用国有资产

[①] 陈立军、雷世平:《混合所有制高职院校法人地位及属性探析》,《职教通讯》2017年第31期。

举办的，从事教育、科技、文化、卫生等活动的社会服务组织。"2004年对该条例进行了修订。

5. 法人

法人是具有民事权利能力和民事行为能力，依法独立享有民事权利和承担民事义务的组织，其历史渊源可以追溯到罗马法的"团体人格"。我国的法人制度源于《民法通则》，法人制度的形成有市场经济和法治社会这两个重要的社会条件。市场经济决定了法人在市场运行中的存在价值，公司法人则是法人制度的基础。1993年发布的《中国教育改革和发展纲要》明确了我国学校的权利和义务，并且确立了高职院校的法人地位。随后，一系列教育法规进一步明确了高等院校的法人地位。由此高等职业院校便拥有了独立的民事权利和独立的行为能力，并且有了独立的诉讼主体资格[1]。当今，公办高职院校的法人属性属于《民法通则》所规定的事业单位法人。公办高职院校的办学主体是各级人民政府或教育行政部门，其内部治理制度是党委领导下的校长负责制，高职院校的校长由上级政府或主管部门的组织部任命。

6. 产权

产权是经济所有制关系的法律表现形式。产权是指法定主体对于财产所拥有的各种权利的总和[2]。简言之，就是对财产的权利，亦即对财产的广义的所有权。产权所含的各项权利都只能在法律和道德允许的范围内行使，不管如何分解、组合或者转化财产自身的形式，这一现象都不会改变。它的基本运行特征表现在，财产的所有者可以通过财产的使用或处置并根据一定目的来获取相当的收益。

我国民法学认为，产权是以财产利益为内容直接体现某种物质利益

---

[1] 陈立军、雷世平：《混合所有制高职院校法人地位及属性探析》，《职教通讯》2017年第31期。

[2] 郭盛煌：《职业教育混合所有制办学的典型业态、实践之惑与治理路向》，《教育与职业》2018年第7期。

的权利，它是与非财产权相对应的财产权。产权是人与人之间（而非人与物之间）的行为关系；不仅是人们对财产使用的一组权利，而且是一种由物的存在及物的使用所引起的、人与人之间彼此认同的、约束了人们行为规范的基础性规则。产权安排确定了每个人相应于物时的行为规范，每个人都必须遵守他与其他人之间的相互关系，或承担不遵守这种关系的成本。

产权的功能包括：激励功能、约束功能、资源配置功能、协调功能。能够帮助所有者理性预期财产未来收益或者受损，明确不同民事主体的权利以及义务，确定人们在财产流转中需要遵循的社会准则规范，抑制机会主义行为，促进外部性内部化，进而节约交易成本。因此，产权界定对于其功能的发挥至关重要。

7. 治理

全球治理委员会(Commission on Global Governance)在1995年对治理作出较为明确的定义，治理是指国有或私人机构经营与管理相同事务的诸多方式的总和。它的主要目的是让不同的利益相互协调并且采取联合行动的持续过程。它即包括统一人们认识的正式组织机构以及规章制度，并包括其他非正式安排。治理有四个主要特征：一是治理是一个过程，而不是一套规则条例或不是一种活动；二是治理是以协调为目的而不以支配为目的；三是治理由不同利益相关部门共同所为；四是治理并非是一种正式制度，而是持续的相互作用的过程。

（二）研究中需要解决的关键问题

本研究主要聚焦三个方面的关键问题。

第一方面的问题是基于混合所有制的高等教育产权制度变革的理论基础，在理论层面明晰高等职业教育混合所有制改革的内涵及意义，改革涉及的教育及产业背景、改革政策意图及逻辑指向等，明确高等职业教育混合所有制改革"为什么改"、"改什么"、"改出什么效果"、"改的政策要件与体制环境"等重大理论问题,为研究廓清背景、要义及其主要方向。

在这部分研究中,将高度关注两个方面的内容。一是国内外高等教育混合所有制改革研究的现有理论成果研究。系统梳理当前国内外混合所有制改革的理论材料,吸收对研究的有益内容,确保研究应有的视野及包容度。在这个部分,将特别关注到国内外高校股份制办学的特点等,在不同发展条件及体制下探讨其办学可资借鉴的内容等;二是当前国有企业混合所有制改革的研究成果及实践经验等。混合所有制最早是经济改革的话题。虽然高等教育与国有企业发展是两个完全不同领域的事物,但国有企业在混合所有制改革中遭遇的股权结构设计问题,国有资本与非国有资本之间的领域与范围的"安全边界问题",非国有资本的利益实现方式等都将为高等职业教育混合所有制改革提供重要的借鉴与思考。

第二方面的问题是高等职业教育混合所有制改革的实践现状,厘清当前尤其是高等职业教育混合所有制改革存在的主要问题及其背后的深层次原因,深入分析政策出台五年来高等职业教育混合所有制改革的整体状况,部分高等院校为什么改革参与度不高,非国有资本呈现出"改革困惑"症结在哪里,已有的改革个案现实成效及其经验是什么,混合所有制改革的主要体制障碍、利益连接关系及改革心理愿景落差在哪里。通过实地走访与调查问卷,摸清第一手的情况,为研究对症处方提供前提与基础。

第三方面是高等教育混合所有制"产权变革"研究。旨在重点厘清五个问题。

一是高等教育混合型产权结构的架构原则及架构方式。深入分析在高等教育混合型产权结构构成中,如何有效处理国有教育资本与非国有资本之间的"介质"差异,不同性质资本的话语权份额及其实现方式,资本内在博弈及其对办学方向潜在规制等,探索在高等教育范畴内如何架构不同资本之间的利益连接、融合及"等效评价"通道，实现"混合所有制"这一经济命题到教育话语的平和转化，回应与解决"国有教育资本与非公资本合作的对象甄选及边界如何确定"、"国有教育资本与非公有资本的股权比例的选择界限与依据，即是否允许非公资本控股或均衡持股国有教育集团问题"、"国有教育资本与非公有资本的股权形态问题，即如何综合评估市场、效率、政府、法制、企业、资本、偏好等多重因素在混合制股权结构中的影响，员工持股（ESOP）、管理层收购（MBO）在高等教育混合所有制实现过程中的可行性问题"。解决好"混合所有制在高等教育中如何落地、生根"的水土适应性问题。

二是探索以产权变革的发展驱动，构建与复合型产权高度匹配的现代职业院校内部治理结构，激发多元主体参与办学的体制机制优势。如何科学设计董事会与学校管理层的关系架构，学校党委管办学方向的使命如何与学校管理层办学经营职能相调适，高校的人才培养、应用型技术创新职能与中远期经营绩效考核如何科学整合，学术组织及教职员工在新型治理版图的话语权如何体现。如何通过激励约束机制、绩效评价机制、自主运行机制及信息披露机制等的完善，建立投资者、管理者、执行者、办学客体、产业市场主体等多位一体的权力制衡、利益制衡与利益共享的关系图谱，实现人才培养机制、社会服务体制、办学资源供给体系等办学模式的系统化创新，开启高等职业教育的全新发展版图，进一步提升高等教育服务社会政治经济文化发展的能力与水平，解决好"混合所有制对新一轮高等职业教育改革的质变拉动及成长引领作用"，并对新时期我国高等教育的改革发展提供新的思考与借鉴。

三是如何应对与解决混合所有制办学过程中多元主体及配套市场关系之间单边或多边的全新发展命题。比如混合所有制出资方式的选择问题，政府与社会资本合作（PPP）模式等引入的可行性问题，投资退出机制的通道设计问题；国有资产流失、利益输送及寻租设租问题以及民营资本的非合理国有让渡等问题的防范等；混合所有制办学产教融合、知识产权保护与流动机制之间的衔接关系；混合所有制改革与国有资产审计体系、第三方社会评价机构引入的关系；产学研深度一体化对教职员工身份性质及其报酬体系的全新颠覆；如何破除"非公即民"等二元思维的羁绊，营建与混合所有制相匹配的文化观念，营造良好的文化环境与发展生态等。

四是着眼于"教育产权变革"这一全新命题，系统梳理现有教育政策，发现与探讨如何突破政策瓶颈限制，建立基于混合所有制的高等教育产权制度变革路径的配套政策体系，解决好改革的空间及成长动力问题，为政府决策提供全面的参考。对于"教育产权变革"这一核心环节的把握，抓住了高等职业教育改革的枢纽，从学理探讨到改革路线图、实践方案等的一体化构建，在于解决从"好政策"到"好做法"、"好成效"之间的传导关系，形成真正具有实践意义的解决路径，助推我国高等职业教育的改革发展，并对高等教育改革提供启示。

五是混合所有制办学整体推进速率、节奏、方式等路径问题研究。鉴于混合所有制改革的复杂性，探索如何建立由二级办学主体到学校，由易到难，由个案到区域的发展路径，如何更好地整合市场力量与行政指导的作用，如何有效规避"一阵风"、"一哄而上"的发展形态，建立基于可持续发展的混合所有制改革生态等。

第二章

高等职业教育混合所有制改革的政策沿革

  我国的高等教育管理体制与我国的社会政治文化制度紧密联系在一起，具有指导性强、组织协调能力优、善于集中力量办大事等优点。党和国家通过一定阶段内的高等教育政策，引领高等教育的阶段性发展方向、促使达成阶段性目标、进而实现高等教育事业发展的梯级向上。高等职业教育混合所有制改革的政策沿革勾勒了我国高等职业教育混合所有制改革从条件储备、孕育萌发、平台探索、重点突破到实践试点的整个发展进程，形成了鲜明的逻辑发展线条。它主要包含三个方面的政策内容。一是我国职业教育和高等职业教育改革发展的政策演进过程，通过这个政策过程的梳理，就会发现高等职业教育混合所有制改革政策是我国高等职业教育在经历前期重要发展历程、到达一定发展阶段、达到一定发展水平后的产物，与高等职业教育发展水平、产业发展能力、产学研协同发展质量存在着紧密的关联性，是教育创新力、产业发展力、社会服务力在一定条件下的自然耦合的结果；二是我国高等职业教育混合所有制改革的政策突破历程，关注从政策的初步萌芽、简单成型，经历长期的平台期探索、横向积累、政策的踟蹰磨合，到实现关键性一跃，"混合所有制"政策跃然纸上，再到政策确定后的宏观架构设计、精细化探索等整个进程。政策文本的每一个精细化表达背后，蕴含了长期复杂、艰难的改革探索进程，对其过程的梳理总结，也可以精准发现改革的难点、重点及突破点在哪里，对今后的改革发展形成重要的启示；三是我国整体混合所有制改革的政策进程，它对高等职业教育混合所有制改革具有重要的政策借鉴、氛围营造、环境建构等作用。国有企业混合所有制改革的发力加速，催动高等职业教育混合所有制改革的快速前行。

一 高等职业教育政策的发展及其对"混改"的影响

改革开放以来，我国高等职业教育政策经历了政策萌芽（初步建立政策话语、具备政策层级、形成一定的政策内容）—政策稳定发展期（在一定历史阶段内关联政策的反复磨合与优化）—政策重大突破期（关键性政策方向上的重大跃迁式突破）三个阶段。体现高等职业教育与国家社会政治经济文化发展高度协同、由小到大的快速发展进程。

（一）高等职业教育政策的初步萌芽

这个阶段主要实现了高等职业教育与职业教育政策的"从无到有"，高等职业教育和职业教育政策开始进入我国教育政策的话语体系，初步锚定其政策规格与地位。

我国高等职业教育第一次进入国家政策体系是在1985年颁布的《中共中央关于教育体制改革的决定》。《决定》指出，"社会主义现代化建设不但需要高级科学技术专家，而且迫切需要千百万受过良好职业技术教育的中、初级技术人员、管理人员、技工和其他受过良好职业培训的城乡劳动者。没有这样一支劳动技术大军，先进的科学技术和先进的设备就不能成为现实的社会生产力。但是，职业技术教育恰恰是当前我国整个教育事业最薄弱的环节。一定要采取切实有效的措施改变这种状况，力争职业技术教育有一个大的发展"。该文件有两大重要的政策宣示意义，第一是科学厘定了职业人才的地位，和"高级科学技术专家"一起构成了社会的基本劳动力结构，在政策面上开辟了职业人才培养的空间；第二是明确指出了职业技术教育是当前我国整个教育事业最薄弱的环节，隐含着职业教育与教育事业发展全局不匹配、与社会政治经济文化发展不匹配两大核心要素，亟须通过加速发展弥补短板。特别具有里程碑意义的是，该文件在我国第一次提出要发展高等职业技术院校，逐步建立起一个从初级到高级、行业配套、结构合理又能与普通教育相互沟通的职业技术教育体系。这个文件为我国高等职业教育发展奠基，吹响了职业教育发展的启航号，职业教育发展开始进入全社会和各级教育工作者的视野。

1993年颁布的《中国教育改革和发展纲要》第一次明确把职业技术教育纳入现代教育体系，使职业技术教育获得了新的重要的"身份认同"，初步厘定了建设与发展规格。"职业技术教育是现代教育的重要组成部分，是工业化和生产社会化、现代化的重要支柱。积极发展职业技术教育、成人教育和高等教育，把提高劳动者素质，培养初、中级人才摆到突出的位置"。特别值得欣喜的是，文件第一次提出"职业技术教育和成人教育主要依靠行业、企业、事业单位办学和社会各方面联合办学"，精准定义了职业教育的基本特点与办学模式，成为绵延几十年的政策发展主线，在其中也找寻到了高等职业教育混合所有制改革最初的政策轨迹。

1996年颁布的《中华人民共和国职业教育法》和1998年颁布的《中华人民共和国高等教育法》在国家立法层面明确了职业教育发展的法律身份与地位。《中华人民共和国职业教育法》明确职业学校教育分为初等、中等、高等职业学校教育。《中华人民共和国高等教育法》第六十八条明确规定："本法所称高等学校是指大学、独立设置的学院和高等专科学校，其中包括高等职业学校和成人高等学校。"国家法律第一次为高等职业教育发展"确权"。

（二）高等职业教育政策体系的持续完善与优化

这是高等职业教育政策发展的第二阶段，其主要特点是高等职业教育在国家教育体系中的地位更加稳固，技术性政策内容逐步建立、不断完善并开始形成初步体系。高等职业教育政策在锚定宏观基本规格基础上向微观指引发展路径与方向转型。

其代表性政策文件有三个。

一是《关于大力推进职业教育改革与发展的决定》，该文件2002年由国务院出台实施，是我国历史上第一个由中央出台的职业教育类专门性文件，标志着职业教育的规格进一步提升，职业教育政策开始由文件中一两句话"点"状布局逐步转向体系性政策的建构。《决定》第一次对职业教育发展作了系统性部署。在教育规格上，明确指出"推进职业教育的改革与发展是实施科教兴国战略、促进经济和社会可持续发展、提高国际竞争力的重要途径，是调整经济结构、提高劳动者素质、加快人力资源开发的必然要求，是拓宽就业渠道、促进劳动就业和再就业的重要举措"；在办学格局上，强调"深化职业教育办学体制改革，形成政府主导、依靠企业、充分发挥行业作用、社会力量积极参与的多元办学格局"，"企业要和职业学校加强合作，实行多种形式联合办学，开展'订单'培训，并积极为职业学校提供兼职教师、实习场所和设备，也可在职业学校建立研究开发机构和实验中心"。《决定》特别指出，"有条件的大型企业可以单独举办或与高等学校联合举办职业技术学院"。在1993年《中国教育改革和发展纲要》中提出依靠行业、企业、事业单位办学和社会各方面联合办学的基础上，第一次明确指明企业可以直接介入高等职业院校办学，实现了从指导原则及实施细则的提升。

二是2005年国务院出台的《关于大力发展职业教育的决定》。其主要有两大政策贡献。第一是明确提出职业教育办学思想的转变，提出坚持"以服务为宗旨、以就业为导向"的职业教育办学方针，积极推动职业教育从计划培养向市场驱动转变，从政府直接管理向宏观引导转变，从传统的升学导向向就业导向转变。"就业"第一次以办学目标和方针的政策规格进入职业教育政策口径，第一次把服务就业、解决就业问题作为职业教育的重要办学方向。为了更好地达成这个目的，《决定》指出，促进职业教育教学与生产实践、技术推广、社会服务紧密结合，积极开展订单培养，加强职业指导和创业教育，建立和完善职业院校毕业生就业和创业服务体系，推动职业院校更好地面向社会、面向市场办学。第二是第一次明确提出推动公办职业学校办学体制改革与创新，强调"公办职业学校要积极吸纳民间资本和境外资金，探索以公有制为主导、产权明晰、多种所有制并存的办学体制"。"推动公办职业学校与企业合作办学，形成前校后厂（场）、校企合一的办学实体。推动公办职业学校资源整合和重组，走规模化、集团化、连锁化办学的路子"。"多种所有制"第一次被纳入公办职业院校办学体制改革的视野，在微观层面明确提出公办职业学校与企业合作办学，走规模化、集团化、连锁化办学的路子。基于校企合作的微观路径与模式进一步细化。

三是2004年教育部出台的《以就业为导向深化高等职业教育改革的若干意见》和2006年教育部出台的《关于全面提高高等职业教育教学质量的若干意见》。这两个文件直接面向高等职业教育改革和发展，是国家教育主管部门第一次针对高等职业教育改革发展发布政策性意见，为全面深化高等职业教育改革、提升高等职业教育办学质量指明了方向。特别是在扩招后，高等职业院校数、在校生数和毕业生人数持续增长，规模已占普通高等教育的一半左右的背景下，对高等职业教育如何实现由"规模效益型"发展向"质量内涵型"发展转型，提出了系统性意见及建议。两个文件对开展订单式培养、深入推进产学研合作都进行了重点阐述与要求。比如"要积极探索校企全程合作进行人才培养的途径和方式。高等职业院校要大力开展订单式培养，从专业设置与调整、教学计划制定与修改、教学实施、实习实训直至学生就业等方面，充分发挥企业和用人单位的作用"、"产学研结合是高等职业教育发展的必由之路，各省级教育行政部门要积极支持高等职业院校开展订单式培养，重点培育一批与本地支柱产业发展密切相关、在产学研结合方面特色突出、以订单式培养为特色的高等职业院校"。特别是《关于全面提高高等职业教育教学质量的若干意见》在微观操作层面对校企合作做出了精细化界定，比如"要积极探索校内生产性实训基地建设的校企组合新模式，由学校提供场地和管理，企业提供设备、技术和师资支持，以企业为主组织实训""加强和推进校外顶岗实习力度，使校内生产性实训、校外顶岗实习比例逐步加大，提高学生的实际动手能力。要充分利用现代信息技术，开发虚拟工厂、虚拟车间、虚拟工艺、虚拟实验""重视学生校内学习与实际工作的一致性，校内成绩考核与企业实践考核相结合，探索课堂与实习地点的一体化"、"引导建立企业接收高等职业院校学生实习的制度，加强学生的生产实习和社会实践，高等职业院校要保证在校生至少有半年时间到企业等用人单位顶岗实习"，在微观层面为校企合作的深化提供了重要政策遵循。

（三）高等职业教育政策的巩固深化与跃迁

这个阶段主要呈现出两大政策特点，第一是对前一历史发展时期行之有效的好政策予以确认，并持续优化深化，使好的政策内容更加成熟稳定；第二是在此基础上，实现高等职业教育发展新的政策跃迁。

这其中主要分为两个层级，一个层级是国家政策性文件，在综合教育改革类文件中体现高等职业教育的相关内容；二是国家教育主管部门专门针对高等职业教育改革发展的相关文件。

从国家层级来看，主要有《国家中长期教育改革和发展规划纲要（2010—2020年）》《国家教育事业发展第十二个五年规划》《关于加快发展现代职业教育的决定》《国家教育事业发展"十三五"规划》《国家职业教育改革实施方案》，以上五个文件均由国务院印发，体现政策从稳定巩固向跃迁的上升发展轨迹。

其中《国家中长期教育改革和发展规划纲要（2010—2020年）》颁布于2010年，《纲要》明确提出，"政府切实履行发展职业教育的职责。把职业教育纳入经济社会发展和产业发展规划，促使职业教育规模、专业设置与经济社会发展需求相适应"，"建立健全政府主导、行业指导、企业参与的办学机制，制定促进校企合作办学法规，推进校企合作制度化"。

《国家教育事业发展第十二个五年规划》发布于 2012 年 6 月，《规划》强调"高等职业教育重点培养产业转型升级和企业技术创新需要的发展型、复合型和创新型的技术技能人才"、"着力推进政府主导、行业指导、企业参与的办学机制建设，落实各方主体责任；大力推行校企合作、工学结合、顶岗实习的人才培养模式，创新职业教育人才培养体制；完善政产学研的协作对话机制，推进行业企业全过程参与职业教育；积极探索多元主体合作共赢的集团化办学机制"。在微观层面，《规划》特别指出，"促进职业院校的专业设置与产业布局对接、课程内容与职业标准对接、教学过程与生产过程对接、学历证书与资格证书对接、职业教育与终身学习对接。建立职业教育与产业体系建设同步协调制度，实现职业教育体系与现代产业体系、公共服务体系的融合发展"、"发展以骨干职业院校为龙头、行业和大中型企业紧密参与的职业教育集团，探索职业教育集团的有效组织方式和运行模式。积极推进对生产教学过程一体化、校企一体化、职教基地和产业集聚区一体化的探索，把车间办到学校，把学校办到企业"。

《关于加快发展现代职业教育的决定》发布于 2014 年 6 月，提出"到 2020 年，形成适应发展需求、产教深度融合、中职高职衔接、职业教育与普通教育相互沟通，体现终身教育理念，具有中国特色、世界水平的现代职业教育体系"、"完善现代职业学校制度。扩大职业院校在专业设置和调整、人事管理、教师评聘、收入分配等方面的办学自主权。职业院校要依法制定体现职业教育特色的章程和制度，完善治理结构，提升治理能力"。

《国家教育事业发展"十三五"规划》发布于 2017 年 1 月，关于职业教育，《规划》提出要推行产教融合的职业教育模式。推行校企一体化育人，推进"订单式"培养、工学交替培养，积极推动校企联合招生、联合培养的现代学徒制。率先在大中型企业开展产教融合试点，推动行业企业与学校共建人才培养基地、技术创新基地、科技服务基地。鼓励学校、行业、企业、科研机构、社会组织等组建职业教育集团，实现教育链和产业链有机融合。建立健全对接产业发展中高端水平的职业教育教学标准体系。引导行业企业深度参与专业教学、顶岗实习、岗位资格认证等方面的标准制定和教学评价。

2019年1月，国务院印发了《国家职业教育改革实施方案》。《方案》提出，"把职业教育摆在教育改革创新和经济社会发展中更加突出的位置。经过5—10年左右时间，职业教育基本完成由政府举办为主向政府统筹管理、社会多元办学的格局转变，由追求规模扩张向提高质量转变，由参照普通教育办学模式向企业社会参与、专业特色鲜明的类型教育转变，大幅提升新时代职业教育现代化水平，为促进经济社会发展和提高国家竞争力提供优质人才资源支撑"、"支持和规范社会力量兴办职业教育培训，鼓励发展股份制、混合所有制等职业院校和各类职业培训机构"。

从国家教育主管部门的文件层级来看，主要有2011年8月教育部发布的《教育部关于推进中等和高等职业教育协调发展的指导意见》、2011年教育部《教育部关于推进高等职业教育改革创新引领职业教育科学发展的若干意见》等两个文件。特别是后者提出，"高等职业教育具有高等教育和职业教育双重属性，以培养生产、建设、服务、管理第一线的高端技能型专门人才为主要任务"、"必须坚持以服务为宗旨、以就业为导向，走产学研结合发展道路的办学方针，以提高质量为核心，以增强特色为重点，以合作办学、合作育人、合作就业、合作发展为主线，创新体制机制，深化教育教学改革，围绕国家现代产业体系建设，服务中国创造战略规划，系统培养技能型人才"。

从以上几个国家级和国家教育主管部门文件的政策梳理轨迹来看，

其表述的内容具有极强的逻辑关联性，绝大多数都是围绕构建基于政府、企业与社会深度协作的高等职业教育发展模式，实现全方位一体化发展，其主体思路一致、路径一致、方向一致。很多政策性文件是前后不断强调与内容深化关系。并通过办学要求的持续厘清、战略举措的持续深化、建设力度的持续增强，构筑中国高等职业教育的上升发展曲线，即由"中国一流"向"世界一流"的转变路径。这其中特别值得肯定的是，具有标志性上升意义的是，《关于加快发展现代职业教育的决定》标定了建设具有中国特色、世界水平的现代职业教育体系的发展目标，将中国高等职业教育发展定格在世界坐标中，并带动系统教育战略举措的全面深化落地。

二　高等职业教育混合所有制改革政策的孕育与突破

高等职业教育混合所有制改革的政策孕育发育贯穿在高等职业教育政策及职业教育政策演变的全过程，其政策基底即是职业教育的核心命题"产教融合"，长期政策演变过程中关于校企联合办学的深度推进、校企办学资源的高度一体化、校企联合培养绩效的互相认定、校企产业创新与社会服务的协同运作等等，为高等职业教育混合所有制改革奠定了扎实的基础。从某种程度上来讲，高等职业教育的混合所有制改革，是高等职业教育全部办学特征及办学优势在某一特殊点位上的凸显。

在这其中，有若干个文件对于实现高等职业教育混合所有制改革的"关键一跃"发挥了重要作用，直接引领高等职业教育混合所有制改革的重大历史性突破。

第一个政策文件是 2011 年《教育部关于推进高等职业教育改革创新引领职业教育科学发展的若干意见》，该文件提出"完善促进校企合作的政策法规，明确政府、行业、企业和学校在校企合作中的职责和权益，促进高等职业教育校企合作、产学研结合制度化"、"要创新办学体制，鼓励地方政府和行业（企业）共建高等职业学校，探索行业（企业）与高等职业学校、中等职业学校组建职业教育集团，发挥各自在产业规划、经费筹措、先进技术应用、兼职教师选聘、实习实训基地建设和学生就业等方面的优势，形成政府、行业、企业、学校等各方合作办学，跨部门、跨地区、跨领域、跨专业协同育人的长效机制"、"完善校企合作运行机制，推进建立由政府部门、行业、企业、学校举办方、学校等参加的校企合作协调组织。公办高等职业学校在坚持党委领导下校长负责制的同时，鼓励建立董事会、理事会等多种形式的议事制度，形成多方参与、共同建设、多元评价的运行机制，增强办学活力"。该文件的主要创新之处集中在以下几个方面。第一，把政府、行业、企业和学校共同纳入产学研合作的主体，架构起多主体参与的政策雏形，改变原有松散型校企合作的政策局限，为高等职业教育混合所有制改革多元主体协同提供了先验基础；第二，明确提出鼓励企业和政府共建高等职业院校，把校企合作从项目合作升格为主体合作，为未来混合所有制改革产权合作提供了中间层级的重要铺垫；第三，涉及高等职业院校治理机制的改革与完善，在提出公办院校坚持党委领导下校长负责制的同时，率先引入了董事会、理事会机制，为治理模式的创新开启了新的视角。

第二个文件是 2014 年 6 月，国务院印发的《关于加快发展现代职业教育的决定》。《决定》提出鼓励多元主体组建职业教育集团。研究制定院校、行业、企业、科研机构、社会组织等共同组建职业教育集团的支持政策，发挥职业教育集团在促进教育链和产业链有机融合中的重要作用。健全联席会、董事会、理事会等治理结构和决策机制。开展多元投资主体依法共建职业教育集团的改革试点。《关于加快发展现代职业教育的决定》还首次提出了探索发展股份制、混合所有制职业院校，允许以资本、知识、技术、管理等要素参与办学并享有相应权利的要求，具有重要里程碑意义。

第三个文件是 2014 年 6 月，教育部、国家发展改革委、财政部、人力资源和社会保障部、农业部、国务院扶贫办组织编制了《现代职业教育体系建设规划（2014—2020年）》。《规划》明确提出，"探索发展股份制、混合所有制职业院校。开展社会力量参与公办职业院校改革建立混合所有制职业院校试点，允许社会力量通过购买、承租、委托管理等方式改造办学活力不足的公办职业院校"、"鼓励民间资本与公办优质教育资源嫁接合作在经济欠发达地区扩大优质职业教育资源。鼓励企业和公办职业院校合作举办混合所有制性质的二级学院"、"鼓励通过领导干部交叉任职、共建技术创新平台和生产性实训基地、建立混合所有制职业院校等方式强化集团内部的利益纽带"。该文件在国务院《关于加快发展现代职业教育的决定》提出允许举办混合所有制高等职业院校后，提出其路径可以是允许社会力量通过购买、承租、委托管理等方式改造办学活力不足的公办职业院校，直接开启了高等职业院校混合所有制改革的序幕。

第四个文件是 2015 年 9 月，教育部发布的《高等职业教育创新发展行动计划（2015—2018 年）》。《计划》提出要充分发挥市场机制作用，发挥企业重要办学主体作用，鼓励社会力量以资本、知识、技术、管理等要素参与公办高等职业院校改革。探索建立基于产权制度和利益共享机制的集团治理结构与运行机制。鼓励企业和公办高等职业院校合作举办适用公办学校政策、具有混合所有制特征的二级学院。鼓励专业技术人才、高技能人才在高等职业院校建设股份合作制工作室。支持成立混合所有制高等职业院校联盟。该文件具有三个方面的重要意义。其一，提出了以资本、知识、技术、管理等全要素参与公办高等职业院校改革，资本、知识、技术、管理涵盖了基本办学要素，这种合作模式构建的是全要素、全链合作的深度紧密型关系，其事实形成的合作关系与合作架构，与产权复合后的混合所有制改革具有高度趋同性；其二，提出建立基于产权制度和利益共享机制的集团治理结构与运行机制，基于产权制度的治理结构，触及了高等职业教育混合所有制改革的基本内核，具有重大突破；其三，鼓励企业和公办高等职业院校合作举办适用公办学校政策、具有混合所有制特征的二级学院，这提供了一个由易到难的重要剖入路径，可以通过不涉产权复合的二级学院混合所有制改革试点，前置应对未来校企产权磨合中各种复杂问题。从现有的实践来看，这样的方法论已经较多地转化为当前的改革实践；其四，提出校企人才等资源双向流动的现实通道，鼓励专业技术人才、高技能人才在高等职业院校建设股份合作制工作室是一种重要的有价值的尝试。

第五个文件是 2017 年 12 月，国务院办公厅印发的《关于深化产教融合的若干意见》。《意见》特别提出要强化企业重要主体作用。鼓励企业以独资、合资、合作等方式依法参与举办职业教育、高等教育。通过购买服务、委托管理等，支持企业参与公办职业学校办学。鼓励有条件的地区探索推进职业学校股份制、混合所有制改革，允许企业以资本、技术、管理等要素依法参与办学并享有相应权利。国务院文件再次确认了推进高等职业院校混合所有制改革的政策意见。

2019 年 1 月，国务院印发的《国家职业教育改革实施方案》。《方案》明确了"建设多元办学格局"。要推动企业和社会力量举办高质量职业教育。支持和规范社会力量兴办职业教育培训，鼓励发展股份制、混合所有制等职业院校和各类职业培训机构，是最新一次对高等职业教育混合所有制改革的确认。

第三章

高等职业教育混合所有制改革的理论梳理

一 产权理论

产权理论是西方现代产权经济学的核心理论,制度经济学家普遍认为,产权制度是人类社会制度中最古老和最为基础的制度之一[①]。产权就是依法占有财产的权利,是规定人们相互行为的一种规则,是构成社会经济制度的基础性元素。它体现了人们之间最基本的经济与法律关系,尽管它看不见摸不着,但几乎没有人否认它的存在性和重要性。尽管马克思主义理论体系中没有使用过产权概念,但并不意味着马克思主义政治经济学理论体系中没有产权理论,实际上,关于所有制和所有权的论述体现了马克思主义产权思想。马克思和恩格斯(Karl Heinrich Marx & Friedrich Engels)在《共产党宣言》中指出,"共产党人都强调所有制问题是运动的基本问题。不管这个问题的发展程度怎样"。并且,马克思做出了生产力决定生产关系的论断,而产权制度是生产关系的核心,是涉及整个社会体制的基础性、根本性的体制方案设计,对生产力具有重要的反作用。在马克思的所有制理论中,马克思将产权定义为人与人建立在物的基础上的经济权利关系。

罗纳德·哈里·科斯(Ronald Harry Coase)是现代产权理论的奠基者和主要代表,被西方经济学家视作产权理论的创始人。其于1937年

[①] 青木昌彦、钱颖一:《转轨经济中的公司治理结构:内部人控制和银行的作用》,中国经济出版社1995年版。

在英国《经济学》杂志上发表的《企业的性质》一文是现代西方产权理论产生的重要标志，而1960年《社会成本问题》一书的问世标志着产权理论的逐渐发展与成熟。在《社会成本问题》这篇经典论著中，科斯首创交易费用概念，并成为现代西方产权经济学的核心概念。科斯从交易成本概念引申出产权，指出产权与交易密不可分，相辅相成。接下来其又将交易成本概念拓展为社会成本范畴，而社会成本范畴的核心又在于外部性问题。科斯将交易费用理论运用于企业分析，突破了新古典交易成本为零的一贯假设。

巴泽尔（Yoram Barzel）强调了"产权稀释"的概念，他指出，产权稀释是在社会制度下对公民个人私有财产权利的限制和约束。这将减少个人财产价值，也会将个人享有的私人财产权利置于公共领域，而对置于公共领域的这部分产权进行有效的组织管理，才是避免寻租行为和"公地悲剧"的关键。阿尔钦（Armen Albert Alchian）在《产权：一个经典的注释》中对产权提出了定义：产权是一个社会所强制实施的、选择一种经济品的使用的权利，是授予特别个人某种权威的办法，利用这种权威，可以从不被禁止的使用方式中，选择任意一种对特定物品的使用方式。他还提出了产权产生的两条基本途径：一、产权是在国家强制实施下，保障人们对资产拥有权威的制度形式；二、产权是通过市场竞争形成的人们对资产能够拥有权威的社会强制机制。诺斯（Douglass C.North）认为产权是个人对其所拥有的劳动、物品和服务的占有权利，占有是法律规则、组织形式、实施及行为规范的函数。产权的本质是区分产权主体之间的经济利益关系，使其拥有对资产排他的使用权、收益的独享权以及自由的转让权，这是完整产权的范畴；而仅拥有其中一种权利或者某项权利被弱化则属于产权残缺。诺斯提出了有效率的产权制度可以促进经济的增长，但是私人界定及产权保护需要支付很高的代价。所以，国家承担着界定和维护产权的重要责任。但是国家并不是"中立"的，国家对产权结构的建立健全有重要影响，对经济增长具有双重作用，可能会造成经济的增长,也可能会造成经济的衰退或者是停滞。

产权理论是高等职业教育混合所有制改革的重要理论基础。混合所有制的本质是一种产权的结合方式。产权拥有者及其权益的充分实现是高等职业教育混合所有制改革得以成立,并能持续吸引企业产权方不断投入,构建可持续发展机制的重要前提。这种产权的确立及权力发挥作用贯穿着混合所有制改革的始终。其重点体现在三大关系作用轴上。第一,高等职业教育混合所有制改革必须给予产权投入者科学合理的产权界定,要精准测量及解决其资本及其他要素投入在股权中的占比问题,当然这涉及原有公办院校实物资产及无形资产的测算问题,有其特有的复杂性,有待在实践过程中具体探讨与分析。但必须明确企业资产投入的合理确权是高等职业教育混合所有制改革的重要前提。第二,要建立产权的回报机制。这是促进企业主体投入、参与混合所有制改革的基本动力,这种回报机制要在办学章程中得以体现,作为合作的关键内容之一。现行制度基本排除了通过办教育实现资金成本及其利益回收的空间,但要探讨确立其他形式的价值反哺通道及机制,这是实现办学能量循环及确保改革成功的重要决定性因素之一。第三,产权要体现与治权的结合,探讨产权所有者在治理进程中的最佳权力作用方式及机制,将产权的最大化效益转化为治理的最大化效能。

二 委托代理理论

委托代理理论其渊源可追溯到亚当·斯密(Adam Smith),他最早发现股份制公司中存在委托代理关系。亚当·斯密在《国富论》中指出:"股份公司中的经理人员使用别人而不是自己的钱财,不可能期望他们会有像私人公司合伙人那样的觉悟性去管理企业。"

美国经济学家伯利和米恩斯(Brele& Means)于20世纪30年代提出了委托代理理论,并成为制度经济学契约理论的基础。他们于1933

年在《现代公司与私有财产》中指出，生产力的发展和专业化分工的细化，一方面使得权利所有者无法行使所有权利，另一方面产生一大批专业代理人；现代公司已经发生所有权与经营权分离，公司被职业经理组成的"控制集团"实际控制。该理论提出了"两权分离"的观点，认为企业所有者兼具经营者的做法存在很大弊端，倡导所有权和经营权分离，企业所有者可保留剩余索取权，而将其经营权利让渡给他人进行运作。该理论认为无论是经济还是社会领域都普遍存在委托代理关系。股东掌控公司所有权，但经营权属于经理人，经理人作为经济理性在制定公司决策时会存在自身利益导向，因此决策可能并非朝着公司治理最大化的方向执行。由于委托人与代理人的效用函数不同，导致两者之间存在利益冲突。如果没有有效的制度安排，代理人可能会损害委托人的利益。因此，在制定公司治理决策时应该充分考虑到经理人——股东关系，为了防范经理人为谋求私利，损害股东权益而带来的逆向选择和道德风险问题，应激励经理人与股东利益相一致或是引入利益相关者共同监督管理行为的机制，即在公司治理安排过程中至少达到经营的边际成本等于边际收益。

1976年，詹森和梅克林（Jensen & Meckling）在《企业理论：经历行为、代理成本和所有权结构》一文对于委托代理关系有了系统的阐述，并且将其定义为：委托方委托代理方根据委托方的自身利益开展的有目的的活动，并且给予代理人一些进行决策的权利的一种契约关系，根据这个契约一个或多个行为主体指定雇用另一些行为主体为其提供服务，并根据其提供的数量和质量支付相应报酬。他们研究的主要对象是代理成本，并且指出公司治理的目的就是使得所有者与经营者的利益相一致，即通过公司治理来有效协调所有者与经营者之间的利益关系。

1987年，哈特（Oliver Hart）认为：委托代理关系产生于"专业化"。"专业化"产生了一大批具有专业知识与技能的代理人，代理人以其相对优势而代表委托人行使被委托的权力。与此同时，开始深入"黑箱"内部，研究企业内的信息不对称和激励的问题，委托代理理论开始日趋成熟。

根据对以上委托代理理论历史发展的梳理可以得出，委托人必须通过设立一套行之有效的制约激励机制来对代理人的日常管理行为进行规范和约束，有效降低成本、提高效率。作为职业院校管理制度变革的重大举措，混合所有制办学虽然与企业运作有所区别，但其内部管理也存在着一定的委托代理关系。在混合所有制高职院校的办学过程中，混合所有制高职院校所有权与经营权之间是一种特殊的关系，直接表现为资本所有权的分散与教育经营权的集中，多元化的投资主体使得资本所有权分散，而学校领导集体事实上掌握集中的教育决策权与发展权。如何将所有权合情合理合适地传导为管理权，如何将传统的线性传导模式在治理结构中重新赋权，并结合高等教育的治理模式实现权力关系的合理起转承合，这是混合所有制改革必须要面对和解决的问题。为了有效解决相关矛盾，就要通过建立科学规范的治理结构来制衡、规范、激励各层次代理人的行为，使多元分散权力统一于运行机制与模式中，构建最合理、恰切与高效的运行模式。

三 利益相关者理论

利益相关者理论是治理理论的重要基础，西方学者对公司治理的研究也更多着眼于利益相关者视角。利益相关者理论的研究打破了委托代理的框架，推动了公司治理理念的变化和公司治理结构的变化，公司治理主体呈现多元化趋势，公司治理形式也由原始的单边治理演进成了利益相关者共同治理。利益相关者理论是委托代理理论的延伸，也同样发展了其相关观点。人们不再将公司治理问题局限于所有者与管理者之间的委托代理关系，而是进一步认识到，公司治理是由各利益相关者组成的一个系统，这就使我们对公司治理问题的综合性和复杂性有了进一步的认识和理解。利益相关者理论的研究内容涉及经济学、管理学和社会学等诸多学科领域，已经成为现代西方企业战略管理研究的重要领域和分析工具，被视为企业的构成要素并已经纳入广义的企业管理范畴。

利益相关者理论缘起于公司的社会责任之争。1929年，美国通用电气公司的一位经理在就职演说中提到"不仅股东，而且雇员、顾客和广大公众都在公司中有一种利益"，其演讲中所反映出的思想被多德认为是现代意义上"利益相关者"思想的雏形。

20世纪60年代，在美国、英国等长期奉行外部控制型公司治理模式的国家中，利益相关者理论是在企业管理领域中从"以股东为中心"转化到"其他利益主体"。随着对"公司治理理论"的质疑和批判，利益相关者理论逐步产生并迅速发展起来。

1963年，斯坦福大学研究所 Stanford Research Institute (SRI) 所给出了利益相关者的明确定义："对企业来说存在这样一些利益群体，如果没有他们的支持，企业将停止运行，即利益相关者的存在其实就是支持组织生存的一个有效团体。"在当时来看，这个定义是比较新颖的，但是放大到今天却并不全面，因为利益相关者对企业的影响范围比较小，仅限于企业生存的那一部分。但是这个观点让人们意识到企业当中有着除去股东以外的还能让企业充满活力并让其继续生存的团体。这一界定方法虽然比较狭隘，但它使人们认识到企业运作的目的并非仅为股东服务，其他利益主体同样关乎企业的生存问题，进一步强调了利益相关者的支持对组织运作的重要性。随后，这个理论得到了延续和发展，瑞安曼（Eric Rhenman）提出了一个全新且比较全面的定义："利益相关者与企业息息相关，它们依靠企业来实现个人目标，企业依靠它们来维持生存。"该定义让利益相关者理论成为一个全新的独立分支。

20世纪80年代中期，经济全球化和信息技术的普及，全球经济环境正在发生巨大变化。这一时期，对企业实质深层次的理解问题，资本主义下企业的伦理问题以及管理者思维方式问题的争论进入到了一个白热化的阶段，因为自公司治理理论盛行以来，公司运行的终极目标就是要实现股东利益最大化，不管是产权理论、委托代理理论还是管家理论围绕的都是股东至上的治理原则，这就是股东中心理论，强调股东是企业剩余索取权和剩余控制权的享有者。但随着公司经营范围和影响的不断扩大，对公司运营产生影响的利益团体越来越多。

爱德华·弗里曼 (R.Edward Freeman) 在 1984 年出版的《战略管理：一种利益相关者的方法》一书中，提到了利益相关者观点，并进行了广义的诠释，他认为利益相关者是指能够影响结果实现的任何元素或是在实现目标过程中受到影响的团体或个人。在这个概念下，股东、债权持有人、企业雇员、供应团体以及顾客等都符合该概念的主体，而其他的主体比如公众以及社会还有外部环境以及媒体都可以以团体或者个体的身份出现在其中并且对企业组织的活动造成直接或者间接的影响。他指出，利益相关者不仅指因采取行动去实现组织目标的过程中而受影响的个人或团体，同时还强调任何组织活动都离不开为了获得利益的各个独立元素的支持，要求整体获利，并不是某一个独立单元获得利益。

20 世纪 90 年代以来，利益相关者理论开始在教育领域得以运用。1996 年，罗索夫斯基根据群体与大学之间重要性关联，总结列举出四类群体，并将其定义为"最重要群体"、"重要群体"、"部分拥有者"、"次要群体"。所以就形成一个纵向的重要性层次。第一个层次包含有"教师"、"行政主管"、"学生"，这一层次与之对应的是"最重要群体"。第二个层次包含有"学校董事"、"校友"、"高校捐赠者"，这一层次与之对应的是"重要群体"。第三个层次含有"科研合作者"、"贷款者"，这一层次与之对应的是"部分拥有者"。第四个层次含有"市民"、"社区"、"媒体"等，这一层次与之对应的就是"次要群体"，实际上这些群体也是离大学利益最远的，他们的影响对高校不起直接的作用。

2005 年胡赤弟提出由三类利益相关者组成的大学模型。教师、学生、出资者、政府等是大学的权威利益相关者；校友、捐赠者和立法机构是潜在的利益相关者;市民、媒体、企业界、银行等是第三层利益相关者。在2010年胡赤弟对利益相关者在高校中的应用进行了补充,可以用来分析这几类问题:大学的教育制度;高校外部协调;高校内部协调;高等教育质量与责任。所以,理论研究已然证明了在高等教育或者是大学的研究中,利益相关者理论的适用性。

2007年李福华根据我国实际情况,将利益相关者根据重要性顺序,把大学的利益相关者分为以下四个层次。第一层次是核心利益相关者,包括教师、学生和管理人员;第二层次是重要利益相关者,包括校友和财政拨款者;第三层次是间接利益相关者,包括与学校有契约关系的当事人,如科研经费提供者、产学研合作者、贷款提供者等;第四层次是边缘利益相关者,包括当地社区和社会公众等。可以看出李福华这种分类与罗索夫斯基的分类有相似之处,不过李福华的分类出发点是我国高校实际,因此更适合对我国高校利益相关者分类。

2007年,潘海生将核心利益者的范围限定在以大学经营者为代表的大学行政人员;将关键利益相关者的范围限定在政府、大学教师群体;将紧密利益相关者限定在企业、学生群体;将一般利益相关者限定为学生家长群体。这种交叉的分类与之前的层级分类所呈现的利益相关者顺序有所不同,但是核心和重要的利益相关者依然处于较高的层次之中,这体现了利益相关者内在的价值属性。

2010年,刘宗让借鉴米切尔的划分方法,对大学的三类利益相关者进行了进一步的细分,确定型利益相关者包括政府、大学、校长及其行政领导班子。预期型利益相关者则细分为三种情况:一是具有合理性和影响力,但无紧迫性的优势型利益相关者,包括行政管理人员和教师;二是具有合理性和紧迫性,无影响力的依赖型利益相关者,主要是指学生;三是具有影响力和紧迫性,但没有合理性的危险型利益相关者。

混合所有制职业院校作为典型的利益相关者组织,利益相关者共同承担了办学风险。一般而言,教师、学生、党委会、理事会、董事会等是混合所有制职业院校的核心利益相关者。教师不仅是学校的员工，还是学校的主人，他们为学校的发展贡献了时间和智慧；学生不仅是受教育的对象，还享有受教育权利，共担学校发展责任；党委会、理事会、董事会是学校的主要决策者，承担治理办学的重大责任。利益相关者高度关注办学事业发展进程中面临的重大挑战与机遇，对办学做出系统规划和布局。利益相关者理论使人们在解决高职院校混合所有制改革的治理问题时不仅局限于所有者与管理者之间的委托代理关系，而且进一步认识到学校治理是由各利益相关者组成的一个复杂系统，在学校治理进程中，一方面要有效兼顾各复杂利益主体的利益，但同时要确保核心办学利益的最大化；要将复杂利益主体的关系简单化、垂直化，理出发展的核心问题及其治理主线，进而实现所有主体发展利益的最大化。

第四章

高等职业教育混合所有制办学的典型案例分析

在国家高等教育改革政策特别是高等职业教育混合所有制改革政策的激励下，我国各地高校开展了多样性的高等职业教育混合所有制改革试点，由于当前国家的政策规制尚处于"支持办"的大口径政策界定下，缺乏具体的实施细则与政策导流图。各地各高校结合自己的办学实际、所属行业的发展特点、区域经济文化发展环境等各种办学条件，进行混合所有制改革的多样化实践，也探索形成了一批改革样本。这些改革样本，基本代表了当前我国高等职业教育混合所有制改革的主要模式、发展水平、类型特点定等，也反映了高等职业教育混合所有制改革中的一些共性问题及需求，为对策研究提供了重要依据。

一 学校层面的混合所有制改革——山东海事职业学院办学探索

（一）基本情况

山东海事职业学院是山东省人民政府批准设立，由潍坊市政府主导举办、社会力量参与举办的山东省首所混合所有制普通高职专科院校，坐落于世界风筝之都——潍坊市。主校区位于渤海岸边、莱州湾畔，毗邻国家一类开放口岸——潍坊森达美港和白浪河游艇旅游码头，地理位置优越，交通便利。学院目前占地 822 亩，建筑面积 22 万平方米，教学仪器设备 6561 万元，实验实训室 60 余个，打造青年教学能手、课程主讲教师、专业带头人、教学名师组成的骨干教师梯队，配有专任教师310人，全日制在校生8700余人。

2011年潍坊市政府投入536万元财政资金撬动3.6亿元潍坊三家企业社会资本，组建混合所有制山东海事职业学院。学校产权占比：潍坊市政府占比1.47%；潍坊市交运汽车运输有限公司占67.79%；山东通达国际船舶管理有限公司占15.37%；潍坊海陆交通发展有限公司占15.37%。建校九年来，学校充分发挥混合所有制办学体制机制优势，面向市场、面向企业整合资源、深化改革，在服务地方企业转型升级中不断发展壮大。2016年1月12日，国家（教育部）教育发展研究中心《研究动态》专题推介学院混合所有制办学实践案例，2016年山东省公布职业院校混合所有制改革试点项目，认定山东海事职业学院混合所有制办学实践项目等9个项目为山东省职业院校混合所有制改革试点项目。同年被省教育厅认定为混合所有制办学试点单位，教育部、省政府研究室、财政厅、教育厅等主管部门多次到学院实地调研，帮助总结推广经验。近年来吸引了全国24个省份150余家职业院校、政府部门、企业交流学习；2017年7月山东省政府研究室《决策参阅》刊发推介该院混合所有制办学经验。

在混合所有制办学的实践中，山东海事职业学院发挥混合所有制优势，构建校际、校企合作办学新机制，探索人才培养新模式。学院的混合所有制办学体制为各种资源进入职业教育搭建了平台，激发了办学活力，形成了"大混套小混"的创新发展新局面。2015—2017年，学院引入各类资本2.3亿元，实现了办学条件的大幅提升。引进北京东方通航教育科技有限公司2700万元的仪器设备和专业师资团队，合作共建"航空学院"和"北京通航北方实训基地"，面向全国提供技术技能实训服务，年培训规模4000—6000人。引进京东电商专业师资团队和700余万元仪器设备共建"京东校园实训中心"和"电商学院"，打造区域电子商务交易、大数据分析挖掘、企业电商进校园和远程电商教育平台。学院与特大型央企招商局集团等知名企业开展校企一体化育人，联合举办航海技术等专业定向委培和现代学徒制试点班，探索现代学徒制人才培养有效模式。2015年开始，与中国海洋大学合作探索本专科人才联合培养新路子，采取"2+2"、"1+2"两种模式，开展两个本科、3个专科专业的合作办学。学院目前正与上海华洋海事科技发展有限公司、香港瑞思科技有限公司、爱尔兰SEFtec集团、中国海事服务中心等企业机构共建国际化"中国海洋资源人才培训中心"；与北京邮电大学、北京梆梆安全科技有限公司共建"新一代信息技术"专业群；与广东汇邦智能装备有限公司共建"智能制造专业群"等。

山东海事职业学院高度重视学生的就业安置，发挥"产教融合"、"校企合作"资源优势，积极搭建就业平台，为学生就业提供优质服务，保障毕业生高质量就业。中国外运长航集团、美国皇家加勒比邮轮公司、北京通用航空产业基地控股有限公司、北京鑫裕盛船舶管理有限公司等国内外知名企业纷纷把人才培养和储备前置到学院，通过设立企业冠名班、委托培养班的形式，与学校共同制定人才培养方案，同时派遣行业专家进校教授专业技能，校企双方共同培养高素质技术技能型人才。学院连续几届毕业生被抢订一空，近3年，学院毕业生就业率达95%以上，企业满意度达96%以上。航海类专业毕业生国际化就业率达60%以上、平均月初薪达到1500美元；电商学院在2017年"双十一"期间，组织550名学生入驻京东总部开展职场化实践教学，关涉交易额达20亿元以上，41名学生获得京东就业直通"绿卡"。该学院过硬的人才培养品牌、毕业生优秀的技能和素养得到各大行业企业的高度认可。

（二）办学特征

一是"政府＋企业"的混合所有制办学制度创新。

聚焦制度创新，深化产权改革。山东海事职业学院在明晰产权基础上探索建立混合所有制办学体制，畅通地方政府统筹管理渠道；保障企业主体办学地位，发挥政府和市场两个作用并形成合力。

理清改革思路，创新办学体制。山东海事职业学院通过开展混合所有制办学探索，通过数年积累，形成了独具特色的混合所有制办学"山海模式"。即树立一个混改理念：政府引导、企业主体、市场运作、利益共享；确立两个混改重点：产权改革，体制创新；形成了三化：办学资产产权化、治理结构现代化、办学效益共享化；处理好混合所有制办学的四个辩证关系：公有资本公益性和社会资本市场性相统一、民事主体关系和行政法律关系相统一、政府举办信誉优势和民办院校机制优势相统一、资本管理与经营管理相分离。

坚持实践理性，通过政府由直接办学向管理教育资本的转变；政府举办为主向政府统筹管理、社会多元办学格局转变这两个转变，提炼出了"山海模式"。

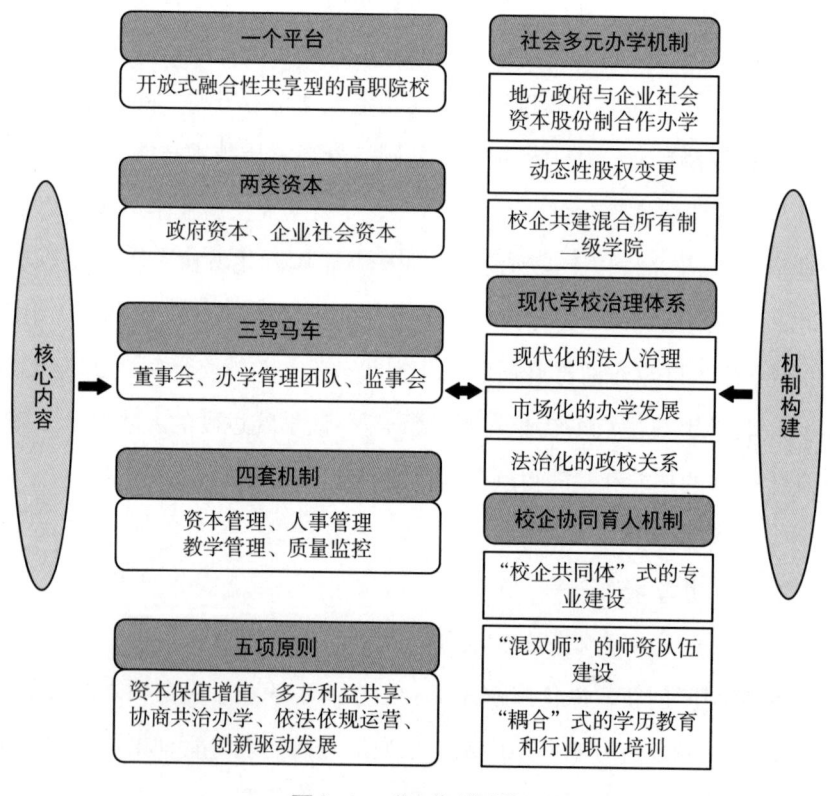

图4-1 "山海模式"

二是完善法人治理,优化内部运行。

形成特色鲜明的办学体制。吸取了公办高职院校"党委领导下的校长负责制"与民办高职院校"董事会领导下的校长负责制"的治理优点,形成了党委领导(领导政治、组织、意识形态)、董事会决策(决策办学发展)、监事会监督、专家办学与教授治学相结合的混合所有制高职院校领导体制和办学体制。

建立管办分离的政校关系。改变了学校的民事主体。2018年4月,学校进行了法人属性的变更,由原先注册的"民办非企业"法人变更为了"事业单位",大大激发了广大教职工工作的积极性。理顺了行政与法律关系。一方面由于有国有资产参与,政府能够把控学院的办学方向,为强化党建工作提供了强力支撑;另一方面由于有社会资本参与,为学院自主办学提供了法理依据。

建立市场为导向的办学运行机制。学校构建了多元办学的法人治理体系,制定发布了《山东海事职业学院章程》、《山东海事职业学院董事会章程》和《山东海事职业学院监事会规则》,使学校办学有章可依。市场为导向,打造了董事会、办学团队、监事会三驾马车共同驱动的办学运行模式。对在校教职工进行有效的激励。"人员能进能出、工资能高能低、职位能升能降"的干部人事制度;按绩效贡献分配工资,绩效工资占60%,实行考核末位降职降级淘汰制;为骨干教师落实公办院校教师同等社会保障待遇。

(三)改革成效

山东海事职业学院在推进混合所有制改革的数年间,全日制在校生人数增长247%,建筑面积增加96.3%,教学仪器设备价值增长231%。

一是通过"产权+共享"的引企入校办学实践,校企合作成果卓著。

学校先后引进社会资金9300多万元共建了三个"混合所有制二级学院"和一个"混合所有制校园实训中心"、两个"混合所有制公共实训基地"、一个"股份制公共实训中心"。

二是形成了"产权式"校企合作模式。

打造了学校+企业的双主体办学模式，由学校提供学校师资、场地与企业进行"产权式"合作联合培养学生；企业提供技术、设备、企业师资、共同打造课程。在内部治理过程中重点厘清了市场办学和公益办学的关系，使企业能够获得部分办学收益，改变了传统的企业"捐资"办学的方式。开创了师资由校企双重聘任、双重管理、双向负责、双栖发展的良好局面。同时，成立了学校与二级学院理事会双重领导下的院长负责制。

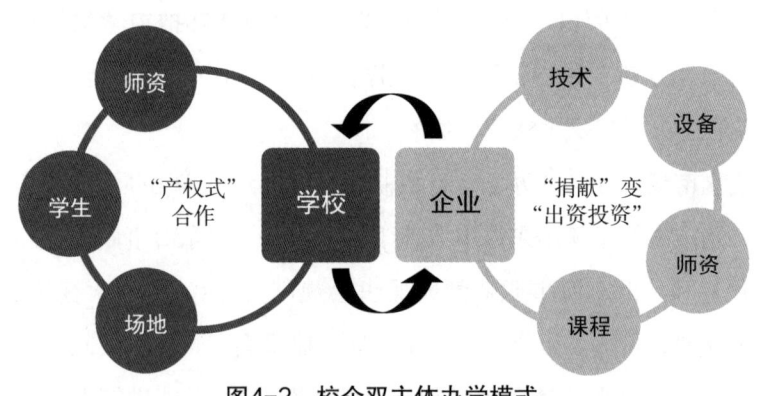

图4-2 校企双主体办学模式

三是形成了"学历教育+职业培训"的现代职教新生态。

打造了"适任+拓展"型高素质技术技能人才培养模式，取得了丰硕的成果。例如2017年，电商专业550名学生参与京东"双十一"生产性实践教学，41名同学获得"京东绿卡"，免试入职京东公司；2016级电子商务专业学生王鑫，将家乡农产品生产与互联网销售相结合，2018年实现营业额1850万元；2017级电子商务专业许传仁同学荣获京东全国好客服评选第一名，校内个人实训月工资突破15000元。

畅通学历提升通道。山东海事职业学院与中国海洋大学开展两个本科、3个专科专业人才联合培养。2018年，有127名学生在学习专科课程的同时完成本科课程学习，并有 6 名学生专科毕业时考取全日制硕士研究生。

职业培训影响广泛。履行学历教育和职业培训并举的法定职责，发挥与企业无缝对接的技术标准优势和与企业运营机制吻合的机制优势，全力提升学校技能培训的核心市场竞争力。2018 年，学校开展了众多培训项目，获得了良好的行业口碑和市场影响力。其中航海培训项目，完成 29950 人次的船员培训发证，规模占到全国 7%、全省 26%；承接航空高铁培训，开展对湖南、安徽、陕西等 16 个省份 3000 人次的专业培训；开展智能制造培训，新建的混合所有制汇邦智能制造（北方）公共培训基地，主要开展公共实训、技能鉴定、师资培训等服务，年培训规模 2400 人；启动了海洋工程（OPITO）培训，是全国第一家此类业务社会化培训机构，主要服务"一带一路"国际油气合作项目，社会化培训量 3000 人次 / 年。

2018 年以来，山东海事职业学院牵头承办了全国职业院校混合所有制改革研讨会，发起组建了全国职业教育混合所有制办学研究联盟，被推选为理事长和秘书长单位。

院长王敬良主持的《基于混合所有制的高职院校办学模式的创新实践》项目获得 2018 年山东省职业教育教学成果奖特等奖、国家教学成果奖二等奖。山东海事职业学院凭借"探索职业教育混合所有制发展模式"获得潍坊市第十四届教学成果集体奖二等奖，院长王敬良、研究室主任郭素森"向六盘水地区输出潍坊混合所有制办学模式"荣获潍坊市第十五届教学成果个人奖二等奖。

山东海事职业学院成为全国职业院校混合所有制改革的理论研讨和实践考察基地。"山海模式"成为潍坊国家职业教育创新发展试验区办学制度创新的典型。学院已成为潍坊国家职业教育创新发展试验区的新亮点、潍坊市实施经济社会转型发展的重要抓手、山东省职业教育改革的"试验田"。

（四）主要问题

该校在混合所有制改革过程中也碰到了一些难点问题，最突出的几个问题是：

一是法规制度不完善问题。国家虽已对高职院校混合所有制改革确定了大方向，但尚未落实到法律层面，相关的操作细则、保障体系也有待健全。首先，国家虽然多次以下发文件的形式鼓励校企合作办学，但法律层面的跟进仍然滞后。其次，一些法律缺失直接影响改革的实践操作，如各级教育类法律条文中还没有混合所有制办学的法律地位、机构属性、产权保护、资产处置、退出机制、风险防范等相关内容。最后，建立混合所有制涉及投融资、人事、税收等一系列制度的变迁与调整，但我国目前尚未出台高职院校实施产权制度改革的法律法规，在学校混合所有制改革过程中也没有可以参照的规范性文件。改革过程如果无法可依的话，校企各方的合法权益将难以得到有效保障，企业的参与积极性会大打折扣，这在一定程度上制约了我国混合所有制高职院校的建立与发展。

二是混改政策不明确问题。首先，混合所有制高职院校的首要任务是保证人才培养质量，如果企业参与投资办学，资本的逐利性是否会影响公办院校的性质？其次，混合所有制改革后学校占有公有资本份额多大为宜，作用又如何体现？再次，社会资本的注入会不会在一定程度上造成学校国有资产的隐性流失，政府对改制后的学校资金投入力度会不会减弱，如果减弱是否会影响学校的后续竞争力？最后，学校改制后的治理结构应当如何设置，董事会和党委会的职责该怎么界定，而诸如管理机制之类的运作机制又该如何构建？要解决这些问题，就需要进一步明确混合所有制改革的政策。

三是两类资本如何顺畅参与职业院校混改问题。即公共财政资本如何进入民办院校参与混改以及如何保障国有资本保值增值问题；社会资本如何进入公办高校参与混改以及如何保障社会资本保值增值问题。

（五）核心诉求

在未来的办学期许中，山东海事职业学院集中反映了两点核心诉求，分别是：希望冲破非公即民的办学范式，形成混合所有制、公办、民办不同性质的办学组织形式；地方政府能够更好地落实国务院文件精神，给学校更多的自主办学权力，实现"职业教育由政府举办为主向政府统筹管理、社会多元办学格局转变"。

二 法人的构建与突破——宁波职业技术学院的混合所有制办学探索

（一）基本情况

宁波职业技术学院是1999年由教育部批准成立的从事高等职业教育的全日制普通高校，是国家首批示范性高等职业院校，教育部首批现代学徒制试点院校，浙江省五所重点建设高职院校之一，浙江省四年制高职教育人才培养试点院校，浙江省国际化特色高校建设院校，全国高职高专校长联席会议常务副会长和秘书处单位，商务部中国职业技术教育援外培训基地，教育部高职高专现代教育技术师资培训基地等。

学校地处由宁波经济技术开发区、保税区、大榭开发区、出口加工区及北仑港区组成的宁波北仑新区，下设8个二级学院，形成与浙江省和宁波市主导和优势产业高度匹配的智能装备制造类、应用化工类、电子信息类、港口物流电商类等6个专业群、33个专业，打造了一批优势专业和特色专业，机电（海天）学院是宁波市特色学院。现有全日制高职在校生9000多名，非全日制学生和各类培训人员16000多人。

宁波职业技术学院以"校企合作有效化、教育信息化、办学国际化"和"跨界、跨境、跨专业"的"三化三跨"为学校新一轮内涵发展战略。创新推进政校企三方联动的合作办学体制改革，不断深化产教融合、校企合作机制,充分发挥理事会在整合社会资源办学、推动校企合作育人等方面的作用,创新形成"地市共建、区校合作、院园融合"地方高职院校办学体制和产学合作机制。学校紧紧围绕临港制造及港口后服务业发展对技术技能人才的要求,深入推进校企合作、工学结合的人才培养模式改革,与海天集团"人才共育、就业共担、资源共享"成果获第六届高等教育国家级教学成果奖一等奖,与数字科技园"院园融合"育人模式获国家级职业教育教学成果奖一等奖。

学校创新成功教育模式,营造"人人皆可成才、人人尽展其才"的良好环境,建设形成成功大学、思源基金、班集体特色项目、校友名片工程、非遗文化传承、创新创业等一系列校园文化品牌项目。其中,"思源基金"先后荣获宁波市人民政府颁发的"宁波慈善奖"、第二届中华慈善总会"中华慈善突出贡献(项目)奖"、教育部"第九届高校校园文化建设优秀成果一等奖"。学校是中国职教学会创业教育专委会主任单位,及浙江省创业学院联盟常务理事单位,被评为教育部、人社部、国资委联合评审的"全国高校实践育人创新创业基地"。

21世纪以来,宁波职业技术学院广泛地开展了校企合作办学,其间经历了三个发展历程:

第一阶段是初级版:企业订单班、企业冠名院系。

2003年起,宁波职业技术学院与敏实集团合作,成立了宁波职业技术学院敏实机械系。

敏实集团是专业设计、生产中高级轿车零部件的外商独资上市集团,集团的客户是占全球汽车市场超过80%份额的"6+5"汽车集团,其中囊括了雷诺—日产、丰田、福特、通用、戴姆勒—克莱斯勒、大众汽车、本田、宝马、标致雪铁龙、现代和三菱。同时与众多著名汽车厂家建立了一级配套关系,已经先后进入 GM、FORD、NISSAN、DCX、大众全球采购系统。敏实集团先后与日本三惠、东海兴业、片山工业、ALTIA桥本、歧阜车体、爱信、德国的 Kittle、Dura、泰国的 Aapico 结为战略合作伙伴，不断发展壮大，一步步迈进世界汽车零部件行业的前列。

宁波职业技术学院与敏实集团的合作，不同于常规的产教合作，共同为学生设计了针对管理类和技术类人才的两条快速发展通道，在敏实集团现有的人才发展体系上，通过"量身定做的职业规划"、"任务挑战"、"专业教练辅导"、"全球轮岗"等手段，分三大阶段对发展对象进行渐进式择优快速培养，通过最大程度的资源倾斜，使得学生在两年左右成为各领域骨干，在四至五年时间快速发展为具有国际人才特质的集团高层。

2006年起，宁波职业技术学院与海天集团合作，成立了宁波职业技术学院海天机电学院。

海天集团创建于1966年，经50多年的创业开拓，现已发展成为总资产超百亿的大型跨国公司。集团下辖两个上市公司（海天国际控股有限公司和宁波海天精工股份有限公司）、海天驱动、海天金属等四大制造企业及其附属70余家海内外子公司。2018年度集团销售收入超过150亿元，产品及客户遍布全球130多个国家和地区。

海天机电学院是宁波职业技术学院为适应经济建设和社会发展需要，造就生产、服务、管理第一线需要的高等应用型技术人才而建立的。学院立足现代经济和工程技术发展前沿，注重培养学生具有扎实的专业理论基础和运用现代知识、技术进行分析问题和解决问题的工程实践能力。近年来，学院加强对重点实验室的建设和改造，逐步加大实验设备的科技含量，以适应教学需要。现拥有自动控制实验室、自动检测实验室、电气运行与控制室实训中心、模具实训中心、数控实训中心等多个现代化实验、实训室。同时，学院借鉴国内外先进的办学理念，探索富有特色的高职教育新路子。致力于培养具有必要理论知识和较强实践能力的生产、建设、管理、服务第一线的高级应用型技术人才和高技能人才。学院坚持以素质为核心，能力为基础，走产学研结合的人才培养之路。树立服务为宗旨、就业为导向的办学理念，积极探索"学工交替"、"项目化教学"、"订单式培养"等育人模式，为社会培养了一大批合格的实用型人才，历届毕业生的实际就业率达 99%，企业评价满意率达 90% 以上。

在此阶段，企业作为办学主体之一，其角色与功能是帮助支持办学、参与并改善教学实训环节。例如由企业总工程师任系主任、海天集团捐赠 1000 万元建大楼等等。其办学的特点是合作办学、合作育人、合作就业。企业合作的成功取决于双方的自觉。

第二阶段是中级版：校企、校地共同投入合作举办院校。

2010 年，宁波职业技术学院与余姚市人民政府共建宁波职业技术学院阳明学院。

余姚市是著名的"塑料王国"、"模具之乡"和"五金之都"。相关产业的聚集，使余姚地区迫切需要大量高素质技能型专门人才。宁波职业技术学院阳明学院即是宁职院与余姚市联手打造的一个高技能人才培养基地。根据余姚地区经济和社会发展需要，宁波职业技术学院阳明学院主要设置三大类专业：机电一体化技术专业、机械制造与自动化专业和模具设计与制造专业，阳明学院与德国手工业协会（HWK）合作成立了中德合作机电一体化班。阳明学院紧紧围绕余姚主导产业发展，并以此为契机进一步创新办学模式，切实提升教学质量，努力培养出更多实用型、技能型、专业型人才，努力探索一条校企合作、服务社会的特色道路。

在此阶段，由余姚市人民政府提供校舍、设备和经费，宁波职业技术学院在产业聚集区建立产业学院。合作方（政府）的角色与功能是投资合作办学、参与并辅助教学。其办学的特点是产教融合、校企合作、工学结合。在合作过程中可能出现非制度性安排、因人因时而变、存在不可预计性等问题。

第三阶段是高级版：校企共同投入注册登记成立法人学院。

2019 年，宁波职业技术学院与宁波智能技术研究院共建中德智能制造学院。中德智能制造学院是 2018 年 9 月李泽湘教授团队、北仑区人民政府与宁波职业技术学院三方签署共建宁波"两院一园"北仑区域合作中心协议后的再一次合作深化。在李泽湘教授及其团队的努力下，德方教学资源引进、中德学院的组建、师资培训、学生选拔及课程建设等稳步推进。此次共建将利用校企双方各自的优势，改革传统的教育模式，人才培养更体现产业需求导向，引入德国"双元制"职业教育理念，基于项目训练、学科知识融合的模式开展高端技术技能人才的培养，打造具有中国本土特色的"双元育人"模式，将中德学院建设成支撑区域智能制造产业高质量发展的高端技术技能人才培养基地。

在此阶段，校企双方的最大特点是共同出资注册登记成立法人机构，引进专业运营团队，自主办学。合作方的角色与功能：投资合作办学，按法律法规参与办学，主导教学实训环节。其办学的特点是产教融合、企业主导、制度保障。此阶段的主要问题是二级学院的法人构建没有现成的政策制度可循。

关于办学资质。中德智能制造学院在办学资质上以宁波职业技术学院资格招生、发证进行办学，实行"两块牌子"；中德智能制造学院以二级学院的办学形式，以母校名义招生、颁发毕业证书；以新注册登记的中德智能制造学院名义运营。

关于教学资产处理。中德智能制造学院办学由宁波职业技术学院投入的教学场地校舍、设施设备及其他无形教学资产，依旧登记在母体名下，按现行国有资产制度管理。同时明确，这些资产供给中德智能制造学院（新学院，两块牌子）无偿使用。中德智能制造学院财务账上没有这些资产，中德智能制造学院仅作为轻资产的办学单位。

宁波职业技术学院按注册登记时明确的举办资金额度认缴现金到中德智能制造学院账户。合作办学方投入的硬件设施产权可以依旧登记在合作方，仅明确供中德智能制造学院无偿使用，或者折算成投入举办资金，登记在中德智能制造学院名下。中德智能制造学院存续期间积累的资产，登记在中德智能制造学院名下。宁波职业技术学院后续投入建设并供中德智能制造学院无偿使用的资产，继续按前面原则执行。

关于管理体制。中德智能制造学院章程由理事会研究起草，报教育主管部门批准后生效；中德智能制造学院的法人治理体系为建立理事会领导下的院长负责制，中德智能制造学院不设行政级别，宁波职业技术学院和办学合作方通过理事会对学院进行管理，均不干涉日常办学及运营；中德智能制造学院成立党组织，由宁波职业技术学院党委统一领导和管理党建及学工等工作；宁波职业技术学院对中德智能制造学院教学实训工作按上级有关规定进行指导和监督。

关于办学经费管理。中德智能制造学院按宁波职业技术学院名义招生获得的财政性拨款经费、学费及其他财政性补助、专项经费由宁波职业技术学院拨付至中德智能制造学院账户，供其日常办学开支；中德智能制造学院中人员经费、教学实训经费、日常运行经费由中德智能制造

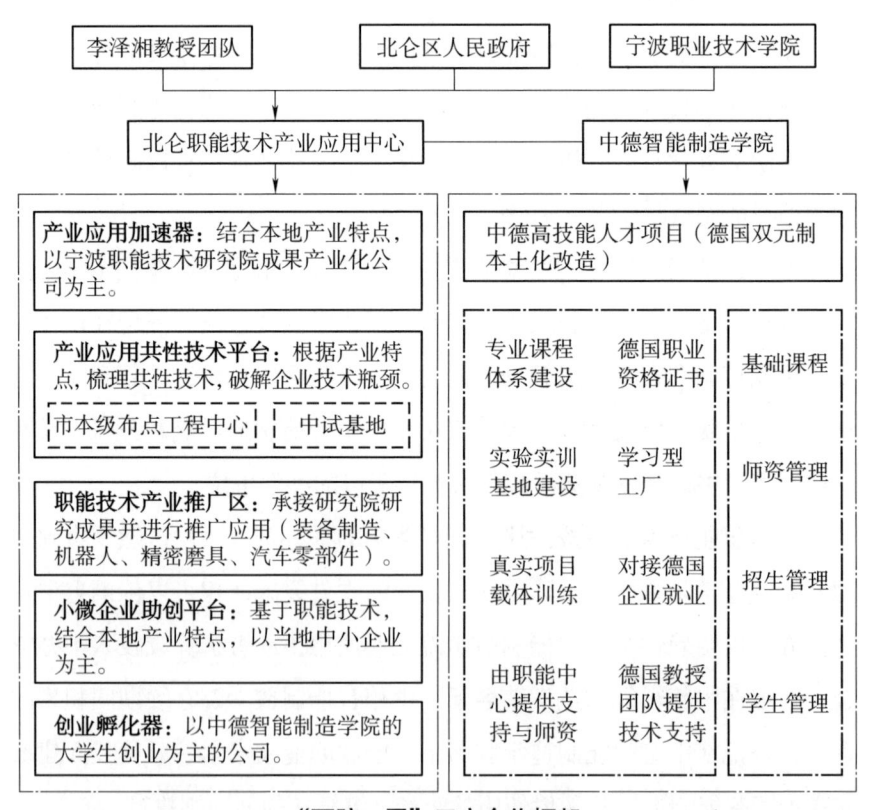

"两院一园"三方合作框架

学院支出；中德智能制造学院实行自负盈亏，财务收支实行预算管理，每年度由理事会审核后执行。

关于教师队伍管理。按照要求，中德智能制造学院配足专任教师、教辅人员及管理人员。其中不超过80%的人员纳入宁波职业技术学院事业编制管理，实行档案工资，按事业单位身份缴纳"五险一金"和职业年金；中德智能制造学院按照"民非"机构的国家相关规定，建立一整套人事管理制度体系和薪酬体系，并由理事会审议通过后执行；教师纳入宁波职业技术学院专业技术职务评聘体系，并可为其单设教师专业技术职务评聘指标和标准，单独评聘；中德智能制造学院自主负责教师考核。

关于法人注册登记。由教育主管部门颁发办学许可证，中德智能制造学院在民政部门注册登记获得民办非企业法人证书。

（二）混改成效

中德智能制造学院依托李泽湘教授团队推动了宁波"两院一园"重点项目，引进德国工商会职业认证体系（IHK），培养具有国际水准的新型技师。李泽湘教授团队引进国内外资源配置到北仑，与宁波职业技术学院一起高标准建设好北仑区域合作中心，打造中德智能制造学院的品牌。聚焦区域产业特色构建供应链体系，对创业创新的项目进行孵化，将母体宁波职业技术学院打造成"政、产、学、研、资、用"一体的生态体。使得宁波职业技术学院与美国IDEO公司一起在北仑的门户规划设计建成高水平的"北仑创新谷"，将中德智能制造学院及北仑智能技术产业应用中心打造成为北仑区创建宁波市"246"万千亿级产业集群示范区的重要支撑平台，为实现制造业高质量发展贡献力量。

（三）主要问题

在二级学院混合所有制改革的过程中，该学院发现国有资产处理还存在一定问题。

例如高职院校（母体）投入的教学场地校舍、设施设备及其他无形教学资产，如何处理以避免国有资产流失的嫌疑？合作办学方投入的硬件设施及其他无形资源，如何处理？众所周知，依法依章办学是混合所有制职业院校改革的基本原则，然而，当前我国产权保护制度仍不是十分完善。混改院校在产权安排上实现不同所有制资产的混合相对容易，不过，国有资产进入后也面临保值、增值的挑战。根据学校决策机构席位由产权比例大小决定的基本原则，如果混改二级学院的国有资产在学校总资产占比过小，可能还会致使无法安排国有资产代表进入学校决策层，这样既无法充分发挥公有力量的作用，也会导致对国有资产保值、增值的不利。

（四）核心诉求

高职院校二级学院混合制改革的法人注册登记工作尚未有现成制度可循，也缺乏相关的理论研究。混合所有制改革中的体制机制设计需要创新思维，实际突破需要政府协调明确。由政府专题协调体制机制问题，下发专题会议纪要，明确注册登记事项及其后续运行机制问题，并借助产教融合和混合所有制高职院校的改革试点等契机来寻求突破。

三 全国首家混合所有制汽车学院——台州职业技术学院的混合所有制办学探索

（一）基本情况

台州职业技术学院是台州市政府举办的全日制普通高等学校，1999年筹建，2001年正式建校。2012年成为"浙江省示范性高等职业院校"。目前学校占地面积550亩，建筑面积27万平方米，固定资产总值6.1亿元，在校生约为10800人。学校位于"制造之都"的台州，汽车制造占据着重要地位。当前，台州市正着力打造国际先进、国内一流的全产业链汽车城，加快完善以吉利、沃尔沃、新吉奥等整车生产企业为核心、四千余家关键零部件制造企业为依托的协同发展体系。此外，随着汽车的迅速普及，促进了汽车后市场服务行业的蓬勃发展，目前，台州境内汽车后市场服务企业有2000余家，从业人员10万人以上。

为进一步深化产教融合，推进专业改革与内涵建设，台州职业技术学院先后跑了5个省（市）、走访了30余家企业和兄弟院校，经大量调研和充分论证后，2017年3月浙江台州职业技术学院与珠海欧亚汽车技术有限公司（主营业务为后市场人才教育、汽车服务企业规划、诊断仪器设备研发、汽车服务连锁）、浙江台州金桥集团有限公司（主营业务为汽车维修保养、接待整车销售、保险、贷款二手车、配件管理汽车美容、精品）三家单位通过整合优势资源，达成合作共识并拟定了框架协议，共同筹办台州职业技术学院汽车学院（笛威金桥汽车学院）。之后三家单位又聚集在一起，共同议定以台州职业技术学院现有汽车专业群为基础，引入珠海欧亚汽车科技和台州金桥集团为合作方，按照"优势互补、各取所需、成果共享"的思路，组建基于混合所有制办学模式的二级学院，并严格按照汽车学院相关制度运行，并约定三方的权益比例分别为：40%：25%：25%，另外10%作为汽车学院的激励基金，并作为虚拟权益在未来注册成立独立办学机构时兑现。三方协定，合作期为20年，分两期签订协议，每期10年，本期协议到期后经彼此协商，根据运行情况决定期满后第2期协议的修订续签或终止事项。

2017年7月3日，校企三方就汽车学院合作办学的具体事宜正式签约，成立了台州职业技术学院汽车学院——笛威金桥汽车工程学院并进行揭牌仪式，这标志着全国首家混合所有制汽车学院正式成立。按照三方的协议规定：按照国际化标准不断深化校企合作、创新合作机制、创新人才培养模式，逐步将汽车学院建设成为特色鲜明、质量一流、与国际接轨的混合所有制特色学院，使之成为区域汽车高技能人才的培养和培训中心，并辐射全国。三方派人组成汽车学院理事会，选举产生理事长与副理事长，涉及人事、投资、分配等重大事项交由理事会决定，但在做出决定之前应向甲方报备并接受审核。

　　台州职业技术学院有权出台有关政策，扶持汽车学院的建设和发展，并为汽车学院的发展提供场地、设施、设备，以及选派党政干部、管理人员和专业教师；珠海市欧亚汽车技术有限公司和台州金桥集团利用自身的优势资源，为汽车学院提供有关教学资料、建立校外实训基地、开展学生实习实训指导、选派管理人员和专兼职教师等服务。汽车学院的财务制度、人事编制与待遇，按台州技术学院的相关制度规定执行，对汽车学院进行宏观管理。资产管理实行"谁投入谁所有"的原则。汽车学院目前依托原台州职业技术学院机电工程学院的汽车专业群，积极准备各项专业建设，开设汽车检测与维修技术、汽车制造与装配技术、汽车营销与服务、新能源汽车技术四个专业，每年招收学生160人。其中，汽车检测与维修技术专业为浙江省"十三五"特色专业、汽车制造与装配技术专业为台州市优势特色专业。学院为教育部现代学徒制试点单位，现有普通全日制在校生600余人。

　　学院建有能满足实训教学、大赛训练的校内汽车综合实训基地，建有汽车整车、发动机拆装、汽车电器、新能源汽车、汽车钣喷、汽车营销等10个理实一体化实训室，仪器设备总值达600多万元。此外，由金桥集团出资3500万元在校内建成了占地面积10000平方米的校内汽车综合实训大楼（内设一汽大众4S店），作为校内生产性实训基地为学生提供全方位的岗位学习机会。同时，学院积极推进产教融合，主动对接汽车全产业链行业企业，努力服务社会。学院设有国家汽车维修工一级职业技能培训考核点，开展汽车维修技术社会培训和技能鉴定。2019年，学院与一汽大众集团合作开展经销商卓越人才计划（DEP校企合作项目），与奇瑞－捷途开展"捷途人才孵化器"校企合作项目，与亚欧汽车制造有限公司（沃尔沃）合作设立亚欧工作室。同时，还与台州市及省内多家4S店、汽车零部件制造企业、行业协会开展合作。与企业联合成立了台州汽车生产研究所，开展汽车生产力提升相关技术研究，共同打造校企命运共同体。

（二）校企深度融合

一是实现办学资源的充分"混合"。

在日常办学经费来源及使用上，校拨经费主要用于教师和行政的人员经费，学生实验实训的相关经费等，提成经费主要分为三部分：一是学生学费的30%；二是对外培训等服务经费的90%；三是汽车学院成教生学费的30%，这三类经费用于日常教学运行及奖励性绩效工资。

在各类资源的投入上，学校投入的资源主要有：办学设施、办学设备、学生校内实训基地，办学经费投入以及学校师资等。珠海市欧亚汽车技术有限公司投入的资源主要有：知识产权、办学设备、办学仪器、企业师资等。台州金桥集团有限公司投入的资源主要有：校内校外工厂，生产及教学设施办公场地，办学经费，师资。在资产管理上三方办学主体分别投入，共同使用；在资产权限上则分别建账，采取谁投入谁拥有。

二是建立完善的学院治理制度。

学院实行理事会制度，实行理事会领导下的院长负责制。见图4-3。

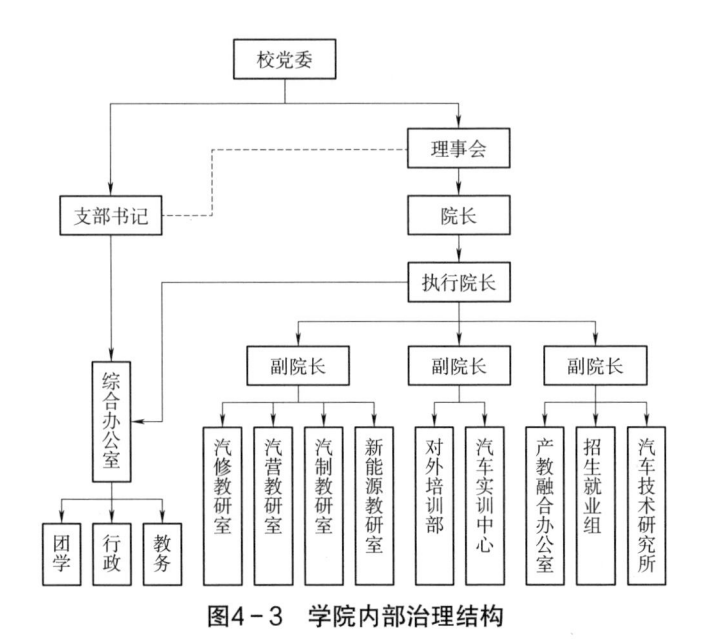

图4-3 学院内部治理结构

制定了《笛威金桥汽车工程学院理事会议事制度》和《笛威金桥汽车工程学院章程》。

建立"多师"融合师资队伍。校企之间的师资队伍互聘共用、专兼结合。组建三类师资队伍，联合培养学生。三类教师有：学校在编教师，全职在学院进行教学、科研、管理等日常教育工作；企业驻校教师，以企业教师的身份常驻学校，进行学生的人才培养工作。该类教师与学校在编教师"同建"、"同编"、"同教学"、"同工"、"同酬"、"同待遇"；企业兼职教师，采取兼职的方式参与人才培养和学院建设。通过"现代学徒制结对师傅"、"企业外聘专业教师"等方式参与混合所有制二级学院办学。

目前，学院通过内培外引形成了一支18人的强有力的专业教学团队，其中教授1人，副教授1人，汽车维修高级技师7人，台州市首席技师2人，高级工程师1人，初步形成了有理论、有技术、能操作、能教学的校内"双师"团队。

三是多方共同参与汽车学院建设。

建设校内实训基地。汽车学院打造了专业的一体化实训室，建成了总面积约3000平方米、600万元汽车实训设备仪器的汽车实训基地。目前，汽车学院的汽车专业群已建成汽车整车实训室、新能源汽车实训室、发动机拆装实训室、变速器拆装实训室、发动机检测排故实训室、汽车底盘实训室、汽车电气控制实训室、汽车整形实训室、汽车涂装实训室、汽车营销实训室等12个"教、学、做"一体化专业实训室。汽车整车实训室配有7个整车维修工位。拥有包括吉利电动汽车、迈腾、卡罗拉在内的整车15辆，设备、专用工具基本齐全，已初步具备机电维修实训教学要求。

金桥集团投资建设"校中厂"。台职院与金桥集团合作，在学校内共建汽车专业"校中厂"，建设一个集汽车销售、维修、检测、教学培训一体的综合汽车服务基地。2018年，作为台州职业技术学院笛威金桥汽车工程学院的第二综合实训大楼正式投入使用。"校中厂"由学校提供约 9000 平方米的场地、企业出资 3500 万元，建成了集汽车销售、维修、检测、教学培训为一体的校内综合汽车实训基地，已投入教学使用。

调动多方社会力量进行广泛合作。自汽车相关专业开办以来，学校积极主动与台州当地行业主管部门、浙江省机动车维修与检测行业协会、台州市机动车维修与检测行业协会签订了合作协议，建立了密切的合作关系。借助行业主管部门和行业协会的平台，与台州酷车小镇、台州金桥汽车销售服务公司、浙江红太阳车辆销售有限公司、吉利集团、亚欧汽车制造（台州）有限公司（沃尔沃）、浙江吉利罗佑发动机有限公司等多家汽车整车、零部件公司和台州湾汽车产业园区等台州市境内的十余家汽车制造、维修企业、汽车品牌 4S 店签订合作协议，建立校企合作关系，打造现代学徒制培养基地。2018 年 9 月，有 30 多位学生到酷车小镇各企业实习学习，实施现代学徒制培养。

打造校外人才培养基地。第一，学院与一汽大众、奇瑞—捷途等企业开展合作。学院入选一汽大众合作卓越人才计划（DEP 校企合作项目）；第二，学院与奇瑞—捷途签订"捷途人才孵化器"校企合作项目；第三，亚欧公司在学院设立了校企合作基地；第四，学院签约了 15 个校外实训基地，满足了学生校外实习的需求。

（三）教学改革

学院推行"五新三化"的课程内容改革。"五新"是指"新技术、新工艺、新材料、新设备、新管理"；"三化"是指典型化、目视化、数字化。

为满足台州千亿产业之一的汽车产业链的产业技术人才需求，举办了汽车制造与装配技术专业，为该专业确定了"以汽车为中心，以机械为基础，以管理为补充"的专业定位，开发了相关新课程。汽车学院为了提高学生培养质量，进行了课程改革，构建校企合作课程体系。珠海市欧亚汽车科技有限公司几十年的技术和职业培训积累，为学院重构课程和教材体系奠定了基础。通过企业驻校老师与学校专业老师的反复探讨，学院对原来的人才培养方案和课程体系进行了调整，融入了较多的新技术元素，突出了技能和工作能力。合约签订伊始，企业就将几百册的汽车维修技术资料提供给学校，开学第一学期就已组织开发了4门课程。目前，学院已启动建设了30门课程，课程资源建设先进，与人才培养方案相适应。

学院组织教师和专家编写了新形态教材。目前编写了8本新形态教材，同时还编制了六本实用教材，教材主要集中在"新技术"、"新工艺"、"新材料"、"新设备"、"新管理"这五个方向领域，并通过"典型化"、"目视化"和"数字化"大大增加了教材的"易学度"，较好完成了课程配套教材资源建设。

（四）合作提升育人水平

一是实施现代学徒制培养。2017年汽车学院首次实行了现代学徒制试点培养，第一批学生来自2017届自主招生的28位汽车检测与维修技术专业的新生，合作培养的企业为浙江金桥集团旗下的两家在市区的汽车维修和销售企业，其中一家为建在学校内的"校中厂"。企业选派了10位资深的能工巧匠作为师傅，通过师徒双向选择并在企业现场成功举办了师徒结对拜师仪式，确立了师徒关系，形成了校、企、生三方约定。学生在企业师傅的带领下，将会接触到更多的车型，更多的维修实践，对汽修行业也会有更深的认识，学到了真本领。学校成功获得的"基于混合所有制办学的汽车全产业链现代学徒制"获教育部第三批现代学徒制试点。目前，已与11家企业联合开展现代学徒制学生培养，合作三方共同制订人才培养方案，构建课程体系，实施双元培养。涉及汽检、汽制、汽营三个专业累计165名同学。

二是建立大学生创新创业中心。

发挥学生专业优势成立创业中心，维修创业中心为校内教师及社会提供汽车维修服务。2018年6月至今，累计维修保养教师及社会车辆227辆，参与工作实践的汽车检测维修、汽车营销学生370人次。汽车电商平台创业中心为台州 4000 多家汽车零部件生产企业提供网络销售等服务，提高学生的实际工作能力，达到零距离就业。实施三全育人的"三室 6S"工程。实现全方位、全过程、全员育人。（见图 4-4）

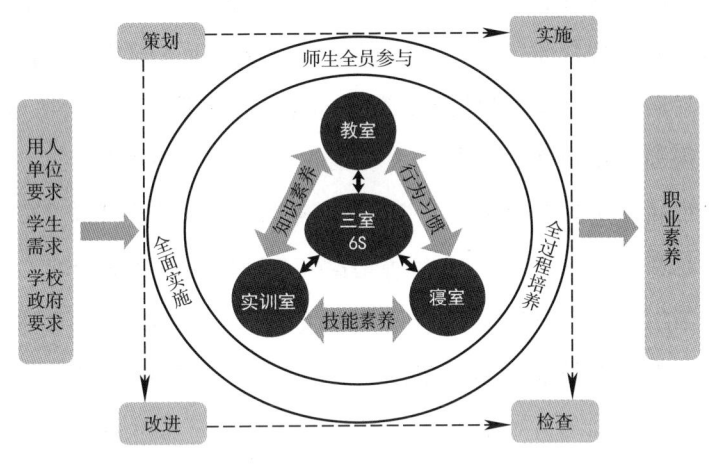

图4-4 "三室6S"工程

三是成立三方投资的"台州汽车科技有限公司"。台州汽车科技有限公司的服务内容主要包括：教育服务、技术服务、培训服务、驾驶培训、汽车维修。公司的股份由企业、学校、经营班子共同组成；由学院与公司分头运行、一体管理。三方权益由学校 40%，金桥 25%，笛威 25%，激励基金虚拟权益 10% 构成，对外教育服务收益除用于学院运营、发展外，其余部分按约定的权益比例分配。见图 4-5。

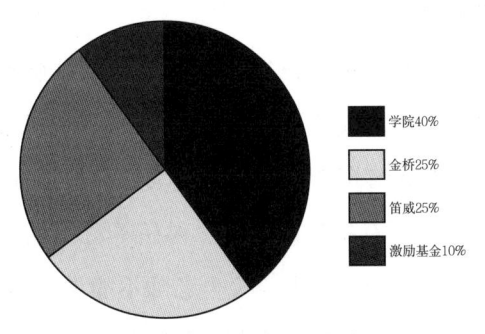

图4-5 三方权益构成

（五）混改成效

学院充分发挥混合所有制办学优势，引入优质办学资源，以"双元融通，内外联动，三师配合，工学交替"人才培养模式实施共同育人，深入开展现代学徒制试点改革，以培养专业基础扎实、技能水平一流的高素质汽车匠人为目标，促进学生优质就业。自联合办学以来，累计获得浙江省汽车维修技能大赛二等奖 4 次，三等奖 2 次，毕业生就业率每届均达到 98% 以上，该学院还多次承办了台州市汽车维修职业技能竞赛，2018 年受托承办浙江省汽车维修职业技能大赛，并已申报批准 2020 年浙江省高职新能源汽车大赛。前后两次组队参加了浙江省职业院校职业技能大赛，获得二等奖 2 组，三等级 4 组。通过以赛促学、以赛促训等方式能够零距离对接企业，培养出来的学生深受用人单位好评。

2019 年 5 月，学院就混合所有制模式下现代学徒制教学管理与运行做了以"现代学徒制人才培养与教学改革探讨"为主题的校内交流活动。并且汽车学院的混合所有制办学成效引起了国内兄弟院校的关注，多家兄弟院校来校交流学习。汽车学院混合所有制合作办学的探索还得到《中国教育报》、《台州晚报》、《台州日报》、《台州电视台》等媒体的关注，并在头版进行报道。

（六）主要问题

学校管理行政化色彩较为浓厚。在法人治理基础不明确的情况下，短期内难以调整和完善治理结构；由于混合所有制高职院校原有国有资产涉及知识、技术等无形资产，评估难度大、产权流通较困难；混改后学校性质改变会丧失原有招生、经费、科研等方面的比较优势。同时，企业教师待遇不足问题较为突出，校企老师不能享受同等待遇。如果在企业教师待遇上不能突破，长期必然影响企业方教师积极性。

（七）核心诉求

混合所有制办学是新生事物，没有现成可借鉴的模式，需要根据实际进行大胆探索。学院实行理事会制度，由三方选派人员出任理事会，实行理事会领导下的院长负责制，三方共同组建管理机构。在学院治理方面还需要进一步获得办学的自主权，特别是对骨干教师、核心管理人员的工作待遇方面能否突破绩效工资顶额限制，成为困扰办学的一大难题。

四 股份制——衡水职业技术学院的混合所有制办学实践

（一）基本情况

衡水职业技术学院始建于2000年，是经河北省人民政府批准，教育部备案的公办高等职业院校。学院现设计算机系、机电工程系、生物工程系、经济管理系、艺术系、外语系、社会科学部和体育工作部6系2部。建有79个校内实训室和83个校外实训实习基地，其中国家和省、市共建机电一体化技术专业实训中心1个、省级现代装备制造协同创新中心1个、省级校企共建生产性实训基地1个等。现有教职员工285人，在校学生4000余人。近几年来，学院全面贯彻落实国家教育方针，坚持"扬长补短，打造核心竞争力"发展理念。积极推进内涵建设，主动服务地方经济社会发展，实现了办学水平和人才培养质量的全面提升。学院聚焦高职专业前沿和区域产业发展战略，积极打造以优势特色专业为核心的专业体系。学校被确定为河北省首批职业院校股份制混合所有制办学试点单位。

衡水职业技术学院是由一所中师学校改制而来的市属公办高等职业院校。虽然有历史、有根基、有传承、有发展，但也面临教育教学资源紧缺、体制机制不活、办学活力不足等多重压力。特别是在国家大力推进职业教育高质量发展的大背景下，一些制约学院发展的深层次问题越来越凸显出来。由于以下原因，学校亟需通过实施股份制混合所有制办学模式改革进行破局。一是先天性不足致使发展空间受限。学校最初是按 2000 名在校生规模设计，校园占地不足 160 亩，且周围再无寸土扩展余地，长期处于资源紧张窘况。教师数量与专业结构也越来越不适应学校发展的需要。衡水市在河北省属于欠发达地区，在学校建设上得不到足够的财力支持。

二是产教融合停留在浅层次。主要表现为专业建设与产业需求对接不密切，学校供给侧与企业需求侧存在错位或脱节，校企合作水平较低，没有真正把产教融合渗透入人才培养全过程。三是办学活力不足。现代学校制度尚不健全，办学体制机制不能适应产教融合发展需求，学校发展缺乏内生动力等。

学校认为，要突破制约当前学校发展的瓶颈问题，走出一条跨越发展之路就必须以改革的思路、创新的思维，突破传统思想观念的束缚和藩篱。必须在融入地方经济社会发展中找出路，紧盯地方发展需求，对接地方产业升级，借力地方政府资源。必须在深化产教融合中找出路，提升校企合作水平，搞好专业共建，改革人才培养模式。必须在引入市场机制中找出路，借力社会资本，加强战略合作，推进体制机制转型。

在这种情况下，该院全新明确了发展路径。一是确立"扬长补短"新理念。找准主攻方向和突破口，有的放矢、精准发力、凝练特色，把长板打造得更长，不断把短板提升和补齐，以深化体制机制改革推动转型、实现高起点上的新发展。二是提出"融入地方"新思路。坚持校区建在园区内、专业办在产业上、办学活在机制上。三是实施"一体多翼"新战略。在推进校本部强内涵、提质量的同时，加强政校企合作，利用政府资源和社会资源，在校区发展上进行多点布局，打造了"衡水交通运输学院"（武邑）、"衡水工匠学院"（桃城区）和"衡水马术学院"（安平）三个二级学院。四是构建"一校两制"新机制。学校层面坚持公办属性、做特做强；二级学院层面积极引进社会资本、实行股份制混合所有制办学。五是坚持"五个坚定不移"新路径。坚定不移地推进集团化办学；坚定不移地实施现代学徒制；坚定不移地加强校企合作；坚定不移地开展创新创业；坚定不移地探索开放办学。

（二）办学特征

衡水职业技术学院进行混合所有制改革的模式是打造有内生动力的股份制混合所有制二级学院。具体的目标定位是突出特色，聚焦创新，积极构建资本来源多元化、治理结构法人化、治理模式市场化"三化一体"的办学模式，充分彰显办学体制机制改革的探索性、创新性和突破性。成立了衡水职业技术学院混合所有制二级学院——交通运输学院。

一是明确发展定位。

衡水职业技术学院和武邑县政府、市交通局与社会资本方共同创办营利性股份制混合所有制二级学院——交通运输学院。项目建成后，能够满足4000名全日制在校生的教育教学及生产性实训，可以面向社会提供多元专业化服务。还可以立足衡水、面向京津冀等地区，打造公路、铁道、航空等运输类专业群，以及其他适应区域产业发展需求的特色专业。通过打造生产性公共实训基地，搭建集产学研训结合、大学生创新创业、1+X证书、职业资格技能培训与鉴定、对外技术服务、"双师型"师资培训等多功能于一体的服务平台，推动开放共享，服务区域经济社会发展。

二是建立特色股权制度。

交通运输学院的股东构成（1+1+N）模式，即衡水职业技术学院、武邑县政府、衡水市交通局＋社会资本方＋若干校企合作单位。在持股比例上，衡水职业技术学院占有60%的股份，主要通过资金、设备、无形资产等方式出资入股；武邑县政府占有15%的股份，主要通过资金及土地使用权作价出资入股；衡水市交通运输局占有5%的股份，主要通过资金、无形资产等方式出资入股；社会资本方占20%股份，通过出资

3亿元，其中1亿元作为入股资本，占股约20%，其余2亿元为融资代建资金。

三是构建和谐治理模式。

交通运输学院成立后便确定了运行规则，制定了《交通运输学院章程》、《交通运输学院党总支议事规则》、《交通运输学院董事会议事规则》、《交通运输学院监事会议事规则》、《交通运输学院院务会议事规则》、《交通运输学院教职工代表大会工作规程》、《交通运输学院内部质量保证体系》等一系列章程，健全完善制度体系。

在制定章程的同时还优化了治理结构。通过推动法人治理结构的改革和优化，实现了交通运输学院办学主体的实质性重塑，并以现代学校制度的形式，明确了企业在办学中的职责和权益。主要表现在成立交通运输学院党总支，设委员7人，其中书记1人，副书记1人；成立董事会和监事会，董事会成员9人，其中董事长1人，副董事长2；监事会成员3人，其中主席1人；组建行政领导班子，院长1人，副院长4人；建立内设机构，设党政办公室、党群工作部、教学管理工作部、财务后勤工作部、学生工作部、对外合作部等6个部门。

（三）混改成效

借助混合所有制办学，实现办学体制机制新突破。搭建新型融资平台，集聚公私两类资本。在探索和实践中，依托自身的有形和无形资产，同时借力政府的政策支持，以股权式融资方式撬动社会资本投入，化解办学资源不足难题。按照依法、自愿、有偿的原则，政府在用地和政策上予以支持，企业在资金和设备上加大投入，学校在办学资质和资源上予以保障，形成了三者之间的良性合作机制。建立公司制，健全法人治理结构，构建现代学校制度。在党委的全面领导下，健全董事会、院行政、监事会相对独立、有序制约的"三位一体"治理结构。

借助混合所有制办学，深入推进创新创业教育工作。先后创建了

"大学生创业孵化基地""衡水衡职科技企业孵化器""衡智众创空间""衡水湖生态旅游文化创意园",创业平台总面积达到10000余平方米,发展创业实体80多个,产生了广泛的社会示范效应,已获得"河北省大学生创业示范园""省级科技企业孵化器""省级众创空间""国家级众创空间"等多项殊荣。

(四)主要问题

理论上说不清。混改后办学属性如何?注册登记为企业法人,机关事业法人,还是社会团体法人?营利性法人和非营利性法人如何界定等?一系列问题亟待理论研究上的突破和明晰。

法律上无规定。现行《教育法》《高等教育法》《职业教育法》以及《民办教育促进法》等,对"发展股份制、混合所有制职业院校"都没有作任何明确界定和规范表述,甚至有些条款已然对推进改革形成限制和束缚。

政策上不衔接。改制后校企产权如何界定?公办院校的领导干部特别是主要负责人,能否在董事会担任领导职务?学校能否继续享有办学用地、生均拨款、人员编制等公办院校的相关待遇?一些现实问题困扰着改革的深化和发展。

思想上有顾虑。政府层面顾虑国有资产会不会流失,教育的公益性能否保障;学校层面顾虑有无政治风险,办学自主权能否保证;企业层面顾虑投资能否回报并获得收益,能否获得办学话语权。

(五)核心诉求

关于职业院校股份制混合所有制办学改革,2014年国务院《关于加快发展现代职业教育的决定》和2019年《国家职业教育改革实施方案》虽已明确提出鼓励和支持,但仅限于原则性的表述,均未就实施政策及落地措施作出具体规定和要求。河北省虽然出台了《职业院校开展股份制混合所有制办学试点方案》，提出给予组合式政策支持，但受有关法律和上级部门政策上的限制，在执行过程中仍然感到困难重重。该校期待国家层面出台高职院校混合所有制改革的顶层设计方案，引导和规范高职院校的混合所有制改革。

五 企业控股——广安职业技术学院的混合所有制办学实践

（一）基本情况

广安职业技术学院是广安市唯一的一所全日制公办普通高等职业院校，也是四川省唯一一所部省市共建的高职院校。广安职业技术学院是由广安市人民政府主办，教育部、四川省、广安市共建的全日制公办普通高等学校，学校坐落于我国改革开放总设计师邓小平同志的故乡。学校前身为1906年创建的岳秀女学，2004年，经四川省人民政府批准，由四川省岳池师范学校独立升格。2009年，学校顺利通过了教育部人才培养工作水平评估；2011年，四川省教育厅、广安市人民政府签订协议共建学校；同年，国家教育部、四川省人民政府签订协议共建"广安市教育改革发展试验区"；2013年3月，学校与广安广播电视大学整体联合；2014年6月，广安区中等卫生职业技术学校整体并入学校；2014年，四川省人民政府审定同意学校增挂广安技师学院牌子；2016年1月，学校顺利通过四川省省级示范性高职院校建设终期验收；2017年12月，学校被省教育厅确定为四川省优质高等职业院校建设计划立项培育院校。2017被列为全国现代学徒制试点单位、四川省优质高等职业院校建设计划立项培育院校。目前学校有滨江校区、前锋校区、奎阁校区、岳池校区四个校区，总占地面积2400余亩，建筑面积45万余平方米，全日制在校生（含留学生）17500余名，教职工近700名（其中，博导8名、教授31名、硕导6名、副教授175名、博士34名、硕士155名），设有医学院、学前教育学院、智能制造学院、土木工程学院、电子信息学院等二级学院 10 个，开设专业 56 个。

广安是典型的农业大市，现代化工业产业较弱，尤其是医药产业比较落后，作为广安市仅有的高校，广安职业技术学院党委书记王建平表示学校有责任和使命发展好医药卫生学院，为全市医药卫生产业培养优秀人才。但学校当时的医药卫生学院办学基础十分薄弱。学校于 2012 年 10 月开始筹建医药卫生系；2014 年通过整合广安区中等卫生职业技术学校而正式成立；2016 年更名为医药卫生学院。更名时医卫类专业在校生不足 1000 人。面对政府部门财政投入不足、办学场地受限等问题，如何才能激发办学活力，发展壮大医药卫生学院，成了学校党委必须破解的一道难题。

2015 年教育部门出台的《高等职业教育创新发展行动计划》，提出："鼓励企业和公办高等职业院校合作举办适用公办学校政策、具有混合所有制特征的二级学院。" 2017 年 12 月，国家又出台《关于深化产教融合的若干意见》，明确指出："鼓励有条件的地区探索推进职业学校股份制、混合所有制改革。"混合所有制改革政策的连续出台，为学校提供了强有力的政策支撑，也激发了学校探索改革的念头。学校党委决定强力推进办学体制改革，吸纳本地有经济实力且有办学经验的企业参与办学，一起探索混合所有制办学改革。

2017 年，作为广安当地较有实力的知名民营企业之一，四川华泰建设集团在广安经济技术开发区筹建三甲综合医院——华泰医院。四川华泰建设集团旗下的华泰医院是一所集医疗、科研、教学、保健、康养于一体的现代化国家三级甲等综合性民营医院，总投资 20 亿元，占地面积 270 亩，建筑面积达 43 万平方米，编制床位 1500 张，展开床位 1800 张，康养床位 1000 张。除了办高规格医院，办一所高质量医学院，实现"教医一体化"发展，一直以来都是四川华泰建设集团的美好愿望和长远规划。

为加快医学院发展，培养一批地方留得住、用得上的优秀医护人才，全面对接和高效服务广安医药和康养产业，本着"资源共享、优势互补、互利互惠、共同发展"的原则，经过充分酝酿和友好协商，2017年12月，广安职业技术学院与广安经济技术开发区签订了《战略合作协议》和《项目投资协议》，并于2018年1月23日与四川华泰建设集团签订了《联合办学协议》，决定联合举办实行独立核算、独立运行的混合所有制二级学院——广安职业技术学院医学院。

（二）混合所有制办学契约状况

一是关于投资模式及占股比例。广安职业技术学院依法取得的办学土地、办学资质、招生计划、教育教学管理、现有师资队伍、现有医药卫生类实验实训设施设备等有形和无形资产。广安职业技术学院对医学院占股比例为23%，学校股份委托学校资产经营公司持有。华泰建设集团投入方式为现金、企业品牌、就业市场、医学院土地价款，以及建设办学所需基础设施（包括房屋建筑物及附属设施）和医学院教育教学所需的所有办公设施设备和教学设施设备等，总投资额不少于人民币5亿元。主要用于医学院教学楼、学生公寓、运动设施、实训中心及相关配套设施的建设等。企业对医学院占股比例为77%。

二是关于办学收益分配。广安职业技术学院办学前8年（从医学院搬迁至新校区时间起计）不收取办学收益，从办学第9年开始，按股份比例计提收益。华泰建设集团支出学校计提部分，并留足医学院一定的发展基金（比例）用于正常运转后的所有收入由企业支配。

三是关于办学条件和规模。广安职业技术学院医学院按5000人规模进行规划，以全日制中专和专科教育层次为主，适时开展本科教育和非全日制学历教育、职业技能鉴定、短期培训等。

四是关于管理模式。通过校企双方深入调研和反复论证，广安职业技术学院医学院决定实行"党委领导、理事会沟通协商、院长负责、管理委员会协调监督"的治理模式。

党委领导。其中广安职业技术学院党委领导医学院；广安职业技术学院党委履行《党章》等规定的各项职责，贯彻落实政治要求，领导医学院发展建设，把握发展方向。学校与企业共同设立医学院理事会，作为医学院的议事决策机构。

理事会沟通协商。理事会由 7 人组成，其中广安职业技术学院占 3 席理事会名额，华泰建设集团 4 席理事会名额，理事会主任由华泰建设集团委派。

院长负责。院长由华泰建设集团推荐到广安职业技术学院医学院聘任。经理事会沟通协商后，由学校聘任，院长在理事会领导下，按照理事会决策，依法行使职权，负责医学院的教育教学、学生管理、后勤管理等行政工作。

管理委员会协调监督。广安职业技术学院和华泰建设集团共同成立医学院管理委员会，作为医学院发展建设的协调监督机构，在理事会领导下开展工作。管理委员会由 9 人组成，设主任 1 名，由学校指派，成员 8 名，广安职业技术学院医学院占 5 席，华泰建设集团占 4 席。

校企双方实行财务共管。在广安职业技术学院医学院的财务管理上设立财务处，财务处长由华泰建设集团委派，广安职业技术学院委派财务人员进行指导和监督，确保经费首先用于保证教育教学需要。

（三）混改成效

医学院一期从 2018 年 5 月破土动工到投入使用只用了 120 天，二期 2020 年 3 月投入使用。占地 375 亩，投资 5.8 亿元，现开设专业 12 个，在校学生近 4000 人。校企双方在混合所有制办学中互相尊重、相互依存、取长补短、共同发力，在人才培养"教医一体化"发展、实现产教深度融合目标下，校企双方在总体治理模式的指导下，探索实施了"院长共派、师资共用、专业共建、学生共育"的日常教育教学"四共"管理模式。

一是院长共派。

医学院院长由公司推荐具有丰富管理经验的医学教育专家担任，同时由学校与公司正式任命两个身份，即一个身份是医学院院长，负责医学院全面工作，另一个身份是华泰医院行政院长，负责华泰医院临床教学、人事等工作。在每个学期开学，院长根据医院临床诊治、预防保健等开展情况，给医院合理下达临床教学计划与任务，实现教医全面对接，并根据学院与医院工作需要，调剂师资力量。

二是师资共用。

医学院教师绝大部分是原广安区卫校医生，大部分都具有临床经验。华泰医院从陆军军医大学（原第三军医大学）高薪聘请了 77 名专家教授，其中教授 15 名，博导 8 名。为了打造"双师型"师资队伍，实现"教医一体化"发展，根据医学院教师和华泰医院专家教授的特长，将双方人才统筹使用，给予双重任务，即具有医师资格证或护士资格证的教师既要完成医学院的教学任务，又要去华泰医院坐诊看病或看护病人，华泰医院专家教授既要在医院坐诊看病，又要去医学院上课带学生完成教学任务。

三是专业共建。

2018 年，广安职院为了申办临床医学专业，组建了医卫专业建设指导委员会，邀请了华泰医院两名专家为成员，负责临床医学、药学等专业的市场调研、规划制订、实训基地建设等工作，两名专家在医学院申报临床医学专业中起到了十分重要的作用，最终成功申办临床医学国控专业。为优化医学院专业结构，提高专业建设质量和水平，医学院启动了护理、助产、医学检验技术等 9 个专业人才培养方案修订工作，并安排华泰医院 15 名知名专家与医学院专业负责人一起共同完成。

四是学生共育。

医学院将华泰医院作为学生的实习主阵地，为学生量身制订专业实习教学大纲，安排具有丰富经验的老师指导学生认真学习基本理论和基本技能，严格要求，严格考核，全面提升学生的操作实践能力。全面加强新生的入学教育，在入学教育中，专门安排1天的时间，组织学生参观华泰医院，通过实地感受，增强专业认知度，坚定学好专业的信心和决心。此外，学校实施护理英才培养计划，从医学院高职护理专业学生中遴选100名同学组建"华泰南丁格尔班"，在完成专业基本教学任务的基础上，由华泰医院优秀的护理专家团队进行专业培训和精心辅导，着力培养优秀的护理人才。医学院的混合所有制办学模式为学校和企业实现了双赢，有力地促进了教医深度融合，实现了广安职院党委的预期目标。目前，学校混合所有制改革已被正式立项为四川省教育体制机制改革的试点项目。

（四）主要问题

一是思想认识不够统一。

医学院是广安职业技术学院的二级学院，不是独立的法人单位，办学模式为混合所有制，属新生事物，目前尚处于探索阶段，国家层面对混合所有制办学没有相关方面可供操作的文件。地方不同部门、不同单位从不同的角度出发，也有不同的看法，意见不尽相同。

二是校企没有完全融合。

公办管理体制与企业管理体制有很大的区别，医院、医学院既有原公办体制管理下的人员，也有企业方的人员，两种人员无论是管理体制还是文化方面，要实现真正融合还需要时间和过程。

三是管理制度有待完善。

混合所有制医学院建成后，虽然制定了《医学院章程》，自上而下出台了一系列管理制度，但很多管理制度目前还在参照学校管理制度执行，没有突破学校的思想框架，没有制定出混合所有制模式下以企业管理为主的管理制度。

（五）核心诉求

广安职业技术学院医学院虽是企业控股，但是企业投资回报难。四川华泰建设集团属社会资本投入，资金投入大，一期建设已投入2.5亿元，到二期建设完成，投资金额总量将达5.5亿—6亿元，仅资金利息每年就达3000万元。目前的办学收入来源为学生的学费和住宿费，而学费、住宿费等相关费用的收取因办学体制的原因，不能按照民办高校的标准收取，只能按照公办高校的标准收取，收费标准偏低（3700—4100元/生），远远低于生均12000元的标准，不能满足支付教职工薪酬待遇和教育教学的正常运转，也没产生投资回报。如何使产权更为明晰，学生学费如何收取，如何能够在经费上保证医学院的收支平衡等问题需要得到破解。

第五章

高等职业教育混合所有制改革的价值取向、基本特征及主要形态

一 高等职业教育混合所有制改革的价值取向

高等职业教育混合所有制改革的价值取向回应的是改革"为什么出发、往哪里走、以怎样的精神状态走"等问题,是改革初心的具体体现,深层激发改革的内在动力,对改革的路径、策略及评价等形成潜在的价值规制。

高等职业教育混合所有制改革的价值取向是提升我国高等职业教育的整体竞争力,满足人民群众更多层次、更高质量的高等职业教育需求,精准服务关系国计民生的国家重大产业发展,提升我国职业教育人口的基础素质和产业创新发展水平。它具体包括五个方面的内涵。

(一)坚持育人为本的价值取向

高等职业教育混合所有制改革的根本目的,在于提高人才培养质量。混合所有制高等职业教育,实现了多元产权结构的复合。不同主体被纳入到教育体系和教育治理结构,具有了其鲜明的教育属性。以育人为本、培养高素质的专门人才是高等职业教育混合所有制改革的初衷。教育资本的扩大、教育条件的改善、教育实力的增强、产学研的深度结合、教育氛围与环境的营造、师资力量的强化、教育市场虹吸效应的形成,高等职业教育混合所有制改革的所有红利因素全部归结到落脚到"以育人为本"、让学生享受更高质量、更加多样化的高等职业教育这个

根本目的和价值诉求上。"以育人为本"是高等职业教育混合所有制改革的初衷，全面贯穿和深度渗透到人才培养模式改革、师资队伍建设、社会合作体系构建等方方面面，也成为衡量高等职业教育混合所有制改革成效的基本标准。

（二）坚持最大化撬动高等职业教育竞争力提升的取向

高等职业教育混合所有制改革作为一种政策工具，适用于各适配主体的改革进程，允许多种形式、多种结构的产权融合方式。从理论上讲，政府、国有资本、民营资本、公办高校、民办高校等不同性质主体之间二者或三者的结合，都构成混合所有制改革的形态，并且在实践过程中都有尝试的案例。但任何改革都有主线，都有复杂利益结构中的核心价值诉求，都需要找到最大化实现整体改革目标的关键点位及实施路径。对高等职业教育的混合所有制改革而言，以混合所有制改革为关键支点，撬动公办高等职业院校的系统改革，系统提升我国高等职业教育的核心竞争力，具备最大的效益比，也是改革的重要价值取向。我的长期科研合作伙伴王俊杰同志在《高等职业教育混合所有制改革的基本定位及其实践路径》一文中详细阐述了高等职业院校混合所有制改革必须坚持以公办院校为主体的理由，比如从政策背景来看，习近平同志在对《中共中央关于全面深化改革若干重大问题的决定》所作的说明中强调，积极发展混合所有制经济，是新形势下坚持公有制为主体地位，增强国有经济活力、控制力、影响力的一个有效途径和必然选择。十八届三中全会提出积极发展混合所有制经济，是为了巩固公有制的主体地位、加强国有经济的主导作用。推动高等职业教育的混合所有制改革，是所有制结构由经济领域向社会领域深化的体现，是社会主义基本经济制度在职业教育领域新的实现形式。高等职业教育的混合所有制改革，本质上是以公有办学主体为对象，旨在提升其整体办学质量及其对我国高等职业教育水平引领力的改革。从我国高职教育的办学格局而言，公办高职院校是高职办学中的主要力量。截至2017年5月，我国高职高专院校1388所，已超过普通本科院校的数量，高职高专院校中公办院校占77%。我国民办高职院校大多在建立之初就已有多元化的股份制探索，但其对职业教育整体发展水平的影响力有限。实行混合所有制如果不以公办高职院校为主要对象，如果不能在公办职业院校取得明显突破和成效，职业教育的混合所有制改革也就失去了最基本的依托与价值。从我国高职教育的发展趋势而言，当前我国部分省份高等职业教育人口出现萎缩态势，相当一部分高职院校出现"招生难"状况。高等职业教育的主要矛盾是教育培养质量和结构与教育需求不相匹配的问题，而不是市场供求关系矛盾。从这个意义上说，不同资本合作新办高等职业院校、公办职业院校接管弱势民办职业院校、社会力量举办职业院校引入国有资本等"增量改革模式"，都背离了当前及今后我国高职教育的发展趋势[①]。所以在高等职业教育混合所有制改革进程中，在鼓励多样性尝试的同时，要牢牢抓住公办高等职业院校改革的主线。

（三）坚持混合所有制高等职业教育的整体公益性价值取向

坚持混合所有制高等职业教育的整体公益性价值取向，其表达的核心要义是允许多元产权主体通过非直接变现技术供给、局部环节盈利、教育链产业链耦合延伸方式等实现利益反哺，但不能改变高等职业教育的整体公益性导向，不能以商业性、营利性标定混合所有制高等职业教育的基本办学价值诉求。我国的高等职业教育作为教育体系的重要组成部分，具有公益性的基本属性，为我国社会主义现代化建设培养高素质人才，满足产业变革与社会政治经济文化发展需要，承担相应的社会责任与使命，服务于社会公共利益需求。它着眼于社会、时代、行业、产

---

① 王俊杰：《高等职业教育混合所有制改革的基本定位及其实践路径》，《中国高教研究》2017年第6期。

业等的需要，特别是应用性行业、技能型工种的发展趋势与需求，科学厘定职业教育发展目标、与普通本科教育相区别的差异化战略、适应行业发展的人才培养规格及办学举措等等，遵循社会的共同利益价值诉求，深度嵌入行业与产业的长线变革与发展需求。企业作为独立的市场经营主体，具有市场趋利性特点，有着"资本投入—产出变现"的直接逻辑约束，注重考察一定时期内资本投入的效益反馈等。高等职业教育混合所有制的产权结构，面临着企业资本投入后产权利益的兑现与变现问题，与高等职业教育的公益性价值属性存在直线逻辑冲突，进而对学校长线发展定位及价值理念的确定带来挑战。这就要求在高等职业教育混合所有制改革中，引导企业科学厘定资本投入的内在动机、价值实现方式等，弥合"产业与教育"天然属性之间的差异，寻求在教育框架内的价值融合点。基于此，可以探讨其现实导入路径为：企业资本在高等职业教育中的投入，不以教育收费、教育变现能力、教育盈利为主要价值实现方式，而是通过定向高素质人才培养、产学研合作对产业的贡献率，教育改革与行业创新的重大贴合度，反哺企业与行业竞争力提升作为基本利益实现方式，实现多元产权结构在"人才培养"等核心办学使命上的价值融合。

（四）坚持市场主体阶段性、短期性目标服从于高等职业教育的长期性、战略性目标的价值取向

高等职业教育办学是一个长线工程，遵循高等教育改革与人才培养的基本规律，在教育改革的发展图景中勾画人才培养、科学研究、社会服务、文化传承、国际交流等的联动发展格局，实现发展质量与竞争力的跃升。而企业主体面对着风云变幻的市场竞合态势，较易受到阶段性发展目标、市场定位、竞争策略的影响，特别是在当前创新技术快速迭代、新兴产业迅速勃兴的背景下，传统的产业结构、发展模式、创新动能等面临深层次变化，企业经营门类的转变、产业格局的调整、发展效

益的变化等对其教育投入，对混合所有制产权结构中的份额挹注等带来一定的不确定性影响，包括企业亏损引发的持续投入能力不足、产权股份转让风险等，企业经营方向及策略转型对原有产学研合作模式的裂解等，由此引发的办学理念冲突与利益博弈成为混合所有制办学的重大挑战。因此在新时期高等职业教育混合所有制改革进程中，所引进企业的整体实力、教育股权投入在其整体经营份额中的占比、企业家教育投入决心及意愿考察等要成为重要合作考量因素。只有实现以上四大标识度内容的充分正向表达，才能有效克服高等职业教育的长期性、战略性政策取向与市场主体阶段性、短期性目标导向的冲突，锚定长期性、战略性高等职业教育发展的重心。

二　高等职业教育混合所有制改革的基本特征

多主体融合、产权治权高度一体化、全要素配对是高等职业教育混合所有制改革的基本特征。

（一）关于"多主体融合"

公办与民办、高校与企业之间的多主体融合是高等职业教育混合所有制改革的基本特征。产权的复合及其形成的整合型利益动机在生物链顶端建构了高等职业院校的顶层治理架构及其运动模式，突破了原有单维的办学格局，将不同场域、不同所有制性质、不同行业、不同门类的主体因为某一共同点位扭结在一起，化解介质屏障及利益藩篱，以价值共同体、利益共同体及行动共同体的方式，共同从事教育教学活动。产权结合是混合所有制改革的显性标志，也是其内在竞争力的主要来源。其核心意涵有以下三个方面。第一，多主体一定横跨了不同所有制形式的资本，并且高度倡导不同价值主体间的合作，比如高校与企业、政府、行业协会之间的联合，可以充分发挥不同主体的能力，形成办学能力结构上的高度互补对位，尤其是针对高等职业教育面向产业的特点，深度契入区域社会政治文化发展土壤，提升整合性能力，实现与产业和区域的深度一体化发展。第二，多主体合作重在"融合"，要打破校企合作简单协作关系的传统思维束缚，重点实现发展要素的裂变反应，将1+1=2的结合效应转化为要素、形态、功能、结构的重塑性变革优化，激发每一个合作对象的内在价值因子，形成相互嵌入的一体化功能主体，在高等职业教育产学研深度一体化的视域中科学厘定企业主体、政府、行业组织等的功能及功能实现模式，实现不同主体"教育性定位""调控性功能""产业性驱动"的深度结合。第三，多主体融合的产权界限多样化，根据不同高校的办学实际，着眼于最大限度激发办学积极性的原则，可以建立多样化的产权比例结构，在现实中，各种比例结构的产权合作都有成功的范例。但基于决策集中化与科学化的要求、高校以育人为本的基本定位、前文所述以公办院校为主的改革对象界定，通常情况下国有资本应占相对大股东地位，公办高等职业院校在条件成熟的情况下应占控股地位，股权结构要规避过度碎片化，以2—3家合作为宜，尽可能规避占股5%—10%的小股东在合作模式中集聚的现象。

（二）关于"产权治权高度一体化"

资本关联是最强的纽带，但不是单一纽带，是以资本作为关键利益链的系统化结合体系。混合所有制高等职业院校复合产权的出资人，不是简单的高校投资人或财务出资者，也不仅仅承担公益性资助使命。因为其通过投资高等教育获得高等教育本身盈利的通道与机制并不顺畅。高等职业院校混合所有制改革选择资方合作对象、企业合作对象、民办主体合作对象的基本原则是产业的重大关联性，存在重大互补互利合作空间，再通过资本的纽带固化基于高度一体化的深度产教融合模式。事实上前文所述几个案例在合作对象的选择上均采取了这个思路，也取得了较好的成效。基于产权纽带的深度产学研合作特性决定了高等职业院校的混合所有制改革遵循产权治权高度一体化的模式,产权通过治权实现过程深度介入,治权通过产权强化其关键执行力。企业等其他出资人要介入高校具体的人才培养、科学研究、社会服务、文化传承、学校治理等相关工作,发挥自身的优势,以高校共同举办者、核心利益关联者的角色,将企业的人才、信息、核心技术、市场空间、实验实训设施等纳入高校人才培养体系,将企业的灵动市场反应、技术储备与转化机制、科学严格的绩效考核机制、高度集成的产业链管理机制等科学导入到高校办学中,和原有的高校管理者一起,改革传统办学模式,共同探索最适用于创新人才培养与生产力开发的机制与模式,将高等职业院校的混合所有制改革从产权变革延伸为管理模式变革、产业要素融合、人才培养模式迭代、办学体系的全面创新等,真正实现人才订单培养、产业技术对口转化、市场共同开发、高层次人才共享,实现多元办学主体的真正一体化发展,以全面稳健的合作化解可能的产权间离的风险。

(三)关于"全要素配对"

混合所有制高等职业院校是基于产权的全要素对位合作体系。政府的政策性资源,行业协会的资讯优势、政策前瞻与感知能力、跨地区企业协调、产业政策运用、行业氛围与生态营造,企业的资本、人才、实验实训场所、信息要素、关键性技术、重大项目、市场空间乃至其战略决策决心等都将成为混合所有制高校的重要办学资源。基于产权的深度产学研一体化突破了传统的以有形资源、物质资源为主、以项目化为主要载体的校企合作范式的束缚,构建基于全要素融合的深度利益共享、具备内在循环与增值功能、长远可持续发展的合作体系。通过产权这一根本性利益纽带的介入,实现教育链、产业链、人才链、创新链、政策链、市场链等要素的高度集成。企业的人才、设备、资金、管理等要素全面介入办学定位与目标设计、人才培养方案设计、课堂教学组织、教材体系设计、管理及运行机制创新、联合实验实训设施建设、企业实践、重大科学研究项目联合科研、绩效考核评价体系设计、学校校园文化建设、技术的产业转化、共同市场开发等各个方面，实现人才培养、科学研究、社会服务、文化传承、国际合作高度一体化、深度渗透的体系，以共有利益者的视角去谋划共同发展，全面提升高等职业院校办学治理效能及综合办学实力。

三　高等职业教育混合所有制改革的主要形态

当前在高职院校混合所有制"改革主体"的厘定上呈现出"多元化""耗散化"态势。有学者将混合所有制职业院校划分为国有资本＋非公有资本、集体资本＋非公有资本、国有资本＋集体资本＋非公有资本、国有资本＋集体资本、不同属性国有资本＋国有资本、不同属性集体资本＋集体资本、不同属性非公有资本＋非公有资本等七种混合形态[①]。以上划分方式过于复杂，在实践过程中应用价值等有待商榷。从本质上讲，混合所有制的产权主体包括公有资本和非公有资本两种，其中由国家主办的高等职业院校当然性属于公用资本范畴，产权合作主体中带有非公经济成分的可以认定为非公有资本，比如混合所有制企业参与高等职业教育混合所有制改革。从理论上讲，在所有合作关系构成中，只要含有非公经济成分的，都可以认定为混合所有制改革主体。

高等职业教育混合所有制改革目前主要有以下几种形态。

一是民营资本参股公办高等职业院校。这是当前高等职业教育混合所有制改革的主流形态，也是符合高等职业教育改革发展趋势，符合高等职业教育混合所有制改革初衷的主体路径。民营企业根据自己的产业发展状况、技术转化与运用需求、人力资源供给结构、市场空间拓展情

---

① 周俊：《发展混合所有制职业院校的思考》，《中国职业技术教育》2014年第21期。

况、企业综合竞争力及资源外溢性发展状况等企业综合发展需求，研判与选择与其产业发展具有关联性，存在较大资源互补优势的公办高等职业院校作为战略合作对象，以现金出资、原有企业大学或培训机构整体资产划转、重要技术原创产权或其他经营性资产折价入股等方式介入公办高等职业院校股权运作，以双方认可的方式，合理协商股权比例，构建共有股权模式，协同承担办学运行等管理职能和事业发展职能。其中关于股权比例及合作的关键环节，允许校企合作双方根据办学实际合理选择参股方式及实物资产形态等，最大限度激发办学活力、挖掘办学潜力。但需要在同一测算模式及绩点上，科学界分改革主体的具体股权构成比例，形成清晰股权架构，有效规避未来运行中的潜在纠纷。

二是民办高校引入国有资本参与办学。国有资本选择学科专业前景较好、治理较为规范、运行良好、市场空间充沛、发展潜力较大的民办高等职业院校作为战略合作方，也是当前混合所有制改革的重要方式，它有助于提升部分办学质量较高的民办高等职业院校的发展水平，也有助于民办高等职业院校为股权合作企业提供更多适配性人力资源及技术支持，助力企业发展。该模式在一定地域及时空环境下，通过政策催化及个案性战略发展机遇把控，形成了若干成功范例。但在运行过程中，还普遍存在三大障碍。一是国有资本对民办高等职业院校普遍存在入股兴趣不高的问题。由于长期的体制机制及观念束缚，我国的民办高等职业教育一直位于办学体系的较低层级，招生情况、人才培养质量、办学运行状况等综合发展水平不高、办学竞争力不强，对国有资本缺乏有效吸引力，特别是在公办高等职业院校和本科院校大力寻求产学研合作的背景下，合作的挤压效应更加明显。二是体制接驳存在问题。国有资本在办学过程阶段入股民办高等职业院校，如果涉及到民办高等院校整体办学改制的问题，则是国有资本重新参与教育板块经营发展问题，涉及到经营门类与发展方向的调整，有违混合所有制改革助推产教深度一体化、提升人才培养质量、加速产业转型升级的初衷。高等职业教育的混合所有制改革，是"产业教育"的改革，不是"教育产业"的改革，这种逻辑理路始终决定和影响着改革方向与路径。三是现实条件、氛围与发展惯性的影响。事实上当前民办高等职业院校与非国有经济已经形成了高度契合型发展关系。在民营经济发达的浙江，民营经济与民营高等职业教育融合式发展已经成为一种重要成熟形态，比如广厦集团举办了与其经营主业密切相关的广厦建设职业技术学院，横店集团依托横店中国"好莱坞"的优势，举办了横店影视职业学院。当前很多民营企业已经具有和国有企业类同性的经营优势，其资本优势、技术优势、管理优势、产业优势、市场优势等完全可以替代国有资本，作为重要合作方介入民办高等职业教育办学，而且其决策更为迅速、体制更为灵活，更易受到民办高等职业院校的欢迎。这在客观层面，也减少了民办高职院校引入国有资本合作办学的现实动力。

三是公办民办职业院校互相委托管理。委托管理是指办学相对困难的学校将管理事务交给更具专业能力的机构，从而提高管理效益[①]。在实践过程中形成了一些成功案例，比如民办高校齐齐哈尔工程学院委托管理公办的甘南县职教中心，构建了多元化的产权关系格局，既保证了国有资产的保值增值，又建立起灵活的激励制度，带来公办学校所不具有的办学活力和效率。公办高校厦门理工学院入驻民办院校厦门软件职业技术学院，获得该校的控股权，双方签订协议，师资、设备等方面资源共享，厦门理工学院校长担任厦门软件学院理事会理事长[②]。这在理论上讲是一种可行性模式，通过托管，拓展托管高校的整体办学空间，扩大其办学潜力，也可以迅速改变被托管高校的办学困难局面，盘活高等职业教育资源。但从实际情况来看，由于我国公办高等职业院校与民办高等职业院校介质分明，且当前高等职业教育整体处于规模过剩状态等，

---

① 阙明坤：《职业院校探索混合所有制的有效形式》，《中国教育报》2015年3月26日。
② 同上。

除非是面对特别重大的利益关系倾斜或地方政府极力撮合等特殊条件，从学校之间的自主动机出发，常态性开展这项工作有一定难度。特别是公办民办职业院校互相委托管理，属于高等教育系统内部的资源优化整合，与混合所有制改革所倡导的校企深度合作具有一定的议题游离性，较难进入混合所有制改革主流合作视域。

四是不同资本合作投资新办职业院校。由公办院校、国有资本、集体资本、民营资本、外资共同投资新办学校，是探索混合所有制学校的又一种形式[①]。区别于其他过程进行时的混合所有制改革，这是源头设置时态的混合所有制改革模式，是我国高等教育改革的重要举措，未来也有可能成为我国高等教育改革与发展的重要形态，成为高等教育体系的组成部分之一。目前整体上处于试点状态。比如苏州工业园区职业技术学院是在新加坡原总理吴作栋的提议下，于1997年12月经江苏省人民政府正式批准建立的一所新型高等职业技术学院，该学校由4个大中型企业买断控股。由政府主管部门、中外著名跨国公司、国内外知名高校组成的董事会，实行"董事会领导下的院长负责制"。董事单位成员中来自美国、德国、荷兰、芬兰、比利时、加拿大、澳大利亚、韩国、新加坡等国家，企业董事21家，占董事成员的70%，其中来自跨国企业董事有16人，占董事的53%。

作为高等职业教育的增量改革形态，其发展模式值得肯定。不过在当前高等职业教育混合所有制改革以存量改革作为主要方向的情况下，其未来在资源投入和推进力度上需要更好的综合平衡。

在高等职业教育混合所有制改革中，还有两大问题亟待明确，即混合所有制高等职业院校的办学性质及其所涉及股东分红问题。目前其主要界定依据为《事业单位登记管理暂行条例》《公司法》《民办教育促进法》《民办非企业单位登记管理暂行条例》及《教育类民办非企业单

---

① 阙明坤：《职业院校探索混合所有制的有效形式》，《中国教育报》2015年3月26日。

位登记办法》。根据以上法规，高等职业教育混合所有制主体理论上可以界定为"民办非企业法人""事业单位法人""企业法人"三类。其中"民办非企业法人"在地方民政局注册登记，它的主要特点是非营利，可有收益用于自身再发展，不得分红。既可获得政府财政资助，也可通过拓展办学业务、寻求企业资助等渠道获得办学收入；"事业单位法人"在"机构编制委员会办公室"登记，它的主要特点是公益类，按现行公办体制；"企业法人"在地方工商局注册登记，它的主要特点是营利性，举办者可分红，适合个别具有核心竞争力的职业教育培训资格、项目，不具普遍性。从理论上而言，混合所有制高等职业院校依据其各自不同发展形态、定位、性质等可以选择上述三种形态中的任一法人定位，并根据法人定位决定其收益导流机制，构建管理机制及运行模式。但是根据前文所述当前以公办高等职业院校作为高等职业教育混合所有制高校的主要改革对象，事业单位法人是较为科学合理的方式，由此也就明确多元产权主体的利益实现方式，即不通过教育体系办学盈利分红实现效益，而是以产教深度融合对产业创新提供支撑等方式体现办学收益。

第六章

高等职业教育混合所有制办学的多主体参与

多主体参与是高等职业教育混合所有制办学的基本结构特点，也是高等职业教育混合所有制改革的优势所在。

一 政府的职能角色

我国的院校治理属于授权性治理，学校拥有的权力是由政府通过法律法规和相关政策等方式所授予。政府依据《中华人民共和国教育法》、《高等教育法》对混合所有制高职院校履行管理职能，通过教育决策及政策赋权，推进高等职业院校混合所有制改革工作。在改革进程中，政府协调教育主管部门、人力资源与社会保障部门、财政部门、发展与改革委员会、经济与信息化部门、科学技术部门、税务部门以及国有资产监督管理委员会等相关部门共同参与制定上位改革政策与审议方案。与此同时，政府承担着监督管理的职能。

政府通过对混合所有制高职院校办学评估，引导学校科学定位、坚持社会主义办学方向，以人才培养为中心，不断提升办学质量等。

二 企业的参与及其角色职能分配

企业是混合所有制高等院校的出资人之一，企业产权是高等职业教育混合所有制产权结构中的重要组成部分，依法享受各项出资人权益。同时由于高等院校是一个系统化办学体系，在办学过程中，企业的角色定位具有发散性功能，体现在办学行为的各个方面，对其进行科学梳理、合理界定及其边界防控，有助于最大限度发挥高等职业教育混合所有制改革中的企业功能。

当前混合所有制改革中企业参与及其角色职能发挥主要有以下四个方面。

第一，企业是学校产权所有者与办学出资人之一。高等职业教育混合所有制改革中，企业是学校的产权所有者之一，依法享有办学出资人的各项权益。其中包括，参与制定学校发展战略及目标、参与学校管理机制与治理模式建设、参与学校人、财、物等重大办学事项的决策等等。但在实际操作过程中，往往具有一定的特殊性。混合所有制高校的权力结构是混合式权力模式，企业的出资人权力往往内嵌在国有投资主体的产权结构中，并以产权份额的多少决定其实际决策的话语权比重。在当前我国的高等职业教育混合所有制改革实践中，往往以公办高等职业院校为主要的改革对象。企业出资者的权力实现往往伴生在国有主办者的权力实现中，具有决策随附性特点，企业产权更多通过在其特长领域的发挥作用影响整体办学，其发展潜力还有待激发。如何有效发挥非控股方企业资本在办学全域治理的积极作用，是提升混合所有制改革效益的重要命题，需要在合作机制及办学文化等方面做出更大探索。

第二是企业是办学育人的直接承担者。混合所有制复合型产权结构中的企业是办学育人的直接承担者，这也是混合所有制改革的重要优势与价值实现方式之一。企业作为办学重要利益关联方，向高校输出具有前沿技术、实践经验和操作能力的优质师资，帮助高校一起制定面向实战与未来的人才培养方案，参与课程内容及模式、实验实训平台、实践教学体系等的建设，实现企业与高校，办学与产业转型升级、服务国计民生重大发展的全要素无缝对接，彻底打破高校原有封闭式办学、内循环发展模式的束缚，直接助推高等职业教育人才培养质量的提升，开辟出高等职业教育一片全新的天空。但在这个过程中，需要引起特别重视的是，要注重企业逻辑、商业逻辑对于高等教育办学逻辑及办学规律的支持。虽然高等职业教育中校企产权双方具有较大的产权共融点与利益结合点，但企业的市场逻辑和高校的育人逻辑存在本质性差异，这其中有战略性方向和战术性手段之间的权力配比与融合问题，有不同利益主体的价值博弈问题。合作育人坚持的首要原则是教育性原则，即高等职业教育混合所有制改革的所有活动均在教育框架内施行，秉承教育规律，服从教育目标，企业所有参与教育的行为均按照此基本逻辑行进。基于此，在人才培养模式改革等的设计中，既要注重当前技术发展与产业转型的需要，更要关注到未来产业变革的需求及趋势；既要关注到产权合作企业的个体化利益需求，也要充分兼顾某一类别企业与产业的技术迭代方向与变革愿景。在师资队伍建设中，既要充分发挥企业兼职师资与技术前沿关系密切、技术运用能力强、产业转化水平高的优势，又要注重培养其基本从教素质与能力，特别是在师德师风建设上从严把关，确保师资队伍建设的整体质量与水平。在产学研合作中，在充分发挥市场驱动效应的同时，要注重教育属性与商业属性的冲突问题，在教育轨道上，以育人为根本目的做好产学研合作深化工作，使产学研合作长线服务高等职业院校人才培养质量的提升。

第三是企业是知识与技能转化的重要驱动极。高等职业教育的一大核心特征是产教融合。混合所有制改革为产教融合注入了全新的动力，创设了全新的发展空间。企业是知识与技能转化的重要驱动极。它为高校人才培养提供重要的出口通道与平台，并通过出口端的循环加速高校的有机更新，不断提升人才培养质量。同时，企业也是高校教学与科研成果的重要转化应用场所，高校的科研成果在企业得到转化应用，链入生产与市场推广环节，其实现的技术验证功能与兑现的经济效应将有效反哺高校人才培养模式改革与科学研究创新，将高校学术科研的校内闭环，转化提升为学校—企业—市场的开放性系统，使高等职业教育的人才培养真正介入产业转型升级与国民经济发展需求，将市场潜力与社会需要转化为办学空间。与此同时，企业的创新理论、创新技术、发展平台、实验实训条件、全球化市场化要素配置体系、先进的绩效管理体制与模式通过产权合作的稳定利益链条，全方位引入高校办学体系，在经过教育体系与教育逻辑的资源二次转化与定义后，进入到微观教育环节，深度嵌入教育教学体系中，成为高等职业院校竞争力的重要来源，形成差异化办学优势。

第四是企业是混合所有制高校走向社会的重要接驳器。高等职业院校走向社会，不仅仅体现在产教融合上，还集中反映为全球化的办学视野，能够在全球高等职业教育创新与变革潮流中定义学校的发展坐标。特别是在当前人工智能技术飞速发展，部分单纯技能型岗位加速被机器替代，研究型高等教育比重持续扩大，高等教育结构面临重大变化；高等职业教育扩招加速推进，提高质量与扩大规模之间的耦合机制亟待形成的背景下，高等职业教育必须在世界职业教育发展潮流与我国高等职业教育的结构性供需变化背景下找准自己的发展方位与目标。在人才培养模式创新上，伴随着国家"双一流"建设的大幅推进，研究型人才培养权重持续提升，资源持续向研究型院校汇聚，部分老牌本科院校用尽各种办法，向研究型大学转型。而部分普通本科院校与新建本科院校，距离研究型大学还有很大发展距离，则纷纷谋求向应用型本科高校转型，走产教一体化发展道路，意图摆脱原有的"高不成低不就"的办学定位，甚至有部分本科院校开始转向培养应用型技能人才，这在很大程度上冲击了原有的高等职业教育办学市场与体系。面对当前高等教育市场与教育体系纷繁复杂变化的状况，高等职业院校必须进行全面分析，在厘清高等职业教育办学特点、优势、规律的基础上，科学定位、合理谋划，走出一条科学化、差异化发展道路，才能有效应对高等教育领域的激烈竞争。从办学资源而言，高等职业院校不仅要建立校企融合的资源观，更要建立全球化的资源观。探讨如何在高等教育国际化浪潮中引进西方发达国家的先进教育理念与教育资源，加强中外高等教育合作与跨域校企合作等。比如长期以来，德国的"双元制"高等职业技术教育形成了自身独特的发展模式与竞争优势。"双元制"职业教育素来被称为"校企合作典范，工学结合的样板"，是德国产业与教育得以深度融合的核心实现形式。其以"双元合作，企业主体，教育调节，育人为本"[①]为主要特征的双元制职业教育模式，遵循产教融合的顶层设计并以全面的质量保障措施相配套，为德国现代工业的发展培养了一大批高质量职业技术人才，真正实现了人才培养与产业需求两侧在结构、水平、数量和质量上的高度匹配。其专业建设在教育理念、专业体系、专业标准、课程开发和课堂教学的各个层面所蕴含的产教融合思想，值得深入挖掘与反思借鉴[②]。也只有真正建立了高等职业教育的全球资源配置观，中国的高等职业教育改革才能走在世界前列。而混合所有制办学机制的引进，企业的国际化视野及发展平台为高等职业教育走向社会、走向世界提供了重要桥梁与舞台，使得高等职业教育的改革更好地"上接天气"、"下接地气"，化行业与产业之机为办学之机，化时代之势为办学之势，化全球之资源为办学之资源，化全球视野为办学格局，引领我国高等职业教育开创新篇。

三　行业协会的系统介入

行业协会是一个特殊的组织体系，它具有一定的产业属性，参与协调产业政策及发展战略、承担产业发展与政府政策沟通职能，在营造良好的产业发展环境、沟通协调产业链条上中下游关系、加速不同企业间的要素整合与配对方面发挥作用，也对整体产业面上布局、结构性特点

[①] 赵志群、王炜波：《德国职业教育设计导向的教育思想研究》，《中国职业技术教育》2006年第32期。

[②] 谢莉花、赵俊梅：《产教融合背景下德国职业教育专业建设的几个关键问题》，《职业技术教育》2019年第10期。

及竞争策略提出意见建议等，为提升产业竞争力服务，是产业与行业发展的共有政策中心与信息中心。同时它又具有明显的公益属性，因为行业协会本身没有经营职能与经济功能，不通过自身营利性活动获取经济收益，不具备排他性产业功能及经济效益兑现机制，所以它能够在行业发展趋势及共有产业需求上为高等职业教育发展提供重要意见和建议。

当前在高等职业教育混合所有制改革中，行业协会通常并不作为产权主体介入高等职业教育的治理结构。但行业协会在高等职业教育治理体系中不能缺席。由于其具备产业方向感知与把握、政府性第三方行业监测等职能，承担了横跨政企的中介联结组织功能，是高等职业教育混合所有制改革的建设性参与方与宝贵智库，是必须充分依赖、发挥与利用好的平台与资源。高等职业院校要将行业协会纳入办学理事会组织架构中，为办学重大决策提供建设性意见和建议。其主要功能有以下四项。第一，帮助高校"明大势"。将行业前沿发展潮流及技术变革态势引入高校，帮助高校更好地明晰发展目标及定位，明确发展战略路径。理事会可以以年度或半年度例会的形式召开，定期向高校提供战略性发展意见。同时在条件成熟的情况下，理事会可以着手编制《发展参考》要报，以季度报或者半年报的形式向高校管理者定期提供行业最新发展态势、行业技术演变格局、结构功能质量状况、市场容量及空间，特别是高校人才培养及产学研合作模式等的最新政策性建议等。同时高校在重大发展规划编制、党代会中长期发展目标设计、年度工作要点确定、重大办学举措及项目合作时，要充分征求行业协会及理事会的意见建议，全面掌握行业发展的趋势及特点。第二，帮助高校"结亲家"。行业协会面向行业内的所有关联企业，不具有合作对象的局限性与排他性，依托行业协会的信息中枢与中介平台，高等职业院校可以更加有效地与行业内众多细分环节企业开展多种层次、多种类型、不同紧密关系的合作，拓展合作的广度与深度，比如既要有大的技术转化的产学研合作项目，也有组织安排人才去行业挂职、参与高校召开的某一技术论证会等各种类型的合作等等。第三，帮助高校"拓影响"。行业组织具有行业专业协会的组织公信力，牵头组织众多行业性学术活动、评优评奖、技术与信息交流等活动。高校要充分依托行业组织，深度介入行业组织内各关联渠道的运行等等，密切和行业组织内各主体的关系，提升在行业内的话语权和影响力，更好地吸引与调度更多行业资源投入高校办学等，提升高等职业教育办学的行业附着度。第四，帮助高校"优环境"。参差不齐的行业格局，互相割裂的行业要素市场，恶性竞争、互相挤对的行业生态不仅对于行业发展将产生重要的负面作用，还会对良好的校企合作关系带来严重的负面影响。行业协会承担着服务、咨询、沟通、监督、协调等功能，可以有效调适与规制行业生态，建构良好的行业发展格局，这对于建构条线清晰、权责明确、互利多赢、稳定协调的校企合作关系具有重要意义。

四 高校联盟的探索

高等职业教育混合所有制改革虽然是点对点的"样本试验"，但它对高等职业教育乃至高等教育改革的推进具有重要的启示意义。由点到面，组建由混合所有制改革高职院校和其他普通高职院校共同组成的高等职业教育联盟，以混合所有制高职院校为重要的体制接口，将更多的市场资源、行业要素、产业资源引入高等职业教育院校群体，将混合所有制改革试点高校的创新功能放大为整体教育群落的体制创新作用，将为我国高等职业教育的改革发展做出更大的贡献。

在很多省区或者跨省际范围内，都有组建高等职业教育联盟的先例。作为一种松散型行业组织，在一定时间范围召开会议或组织活动，就共同关心的议题进行讨论等，较多地以务虚形式予以呈现。当前我们所倡导成立的高等职业教育行业联盟，能够真正成为普通高等职业院校和混合所有制高等职业院校的共同平台，以混合所有制高校的体制创新接口为重要切入点，为其他各类职业院校引入行业资源与企业资源。基于此，这样的高校联盟应该是带有一定功能定位的常态性、紧密型、项目化平台。各级各类高等职业院校的产业合作及项目需求在联盟平台上充分共享，构筑教产学研信息汇合体。高校联盟可以举办常态化高峰论坛，构建常态化信息交互、产业融通机制。同时也可以建立小微型联盟协作机制，以项目化需求为驱动，依托联盟平台，随时举办基于项目的产学研合作对接会等等，灵活满足校企对接需求。当前根据该高校联盟鲜明的产学研合作导向，可以尝试由相关混合所有制高校担任联盟执行主席，便于更好地发挥联盟校企接驳的功能，做实联盟平台。

五　家庭与社会的角色定位

家庭和社会是高等职业教育混合所有制改革的重要关联方。从某种程度上说，家庭和社会对高等职业教育混合所有制改革的认同度和支持度，是衡量高等职业教育混合所有制改革成败与未来潜力的重要标志。高等职业教育混合所有制改革带给家庭和社会的直接变化有以下四个方面。

一是就学成本及就学机会的联动变化。高等职业教育混合所有制改革后，伴随着市场化主体和市场化机制的介入，其学费收费标准面临较大幅度的上浮。比如浙江传媒学院华策电影学院混合所有制改革，在尚未涉及到法人层面产权主体变革的情况下，经过综合测算混合所有制改革后高层次办学的成本需要，经过省物价部门审核同意，年度学费高达5.8万元。学费的上浮带来了生源层次的结构性变化，原有的部分专业条件与基础较好，但家庭条件一般的学生不大再会选择混合所有制高校。余出的生源空间将更多地向其他层次的求学群体投放，并由此带来一定对象群体就学机会的联动变化。对这种变化，群众认不认可、接不接受，是否影响教育公平，改革是否平稳、招生形势是否继续火爆，直接关系到混合所有制改革的成败。这就需要对考生群体、受众的认知结构、改革的逻辑路径作深入客观分析，并向社会受众充分做好解释，形成良好的认知联动。当前就该学费议题的社会认知状况而言，考生家长及社会有着较高的认可度，改革的空间尺度掌握较为合理。混合所有制改革后的学费级差体现了一定的社会分层性，在保证与提升人才培养质量的前提下，因为学费提升带来的招生对应面重心的适度下移，扩大了一定阶层的求学选择面与可能性，并通过办学的高投入实现了人才培养质量的拉升，实现了"稍低的入口端与更高的人才培养出口端"的紧密结合，很好地体现了培养意图，而这与艺术教育从小面临较高投入的发展轨迹相契合，与选择艺术教育学生的家庭及社会阶层分布情况相匹配，体现了高度的社会适应性等。所以，高等职业教育混合所有制改革后，学生就学机会与就学成本的变化与家庭和社会的期待值、接受度的高度适配，使其具备了可持续发展的良好土壤。

二是家庭教育介入幅度与力度的变化。大学生是成人群体，拥有自我完整的情感志趣、个性特点、心理结构、认知爱好等。原有封闭式的校内教育体系，学生沿着传统发展路径在教育闭环中实现"再发展、再成长"。在通常的教育范式中，中国家长已经逐步退出了大学阶段的过程性教育，在择业和就业取向上适度发挥功能。而混合所有制改革极大改变了大学生的教育形态，对传统的家庭教育介入方式与力度也带来了全新变化，大学生的提前社会化与适度社会化让中国家长承受与经历了二维情感变化态势。其一是更早地介入孩子的职业成长设计。混合所有制办学人才培养与产业精准对位、立足专业开展创新创业活动，让大学生面临人生定位的时间窗口被提前了，家长被动性进入孩子职业定位、规划与愿景设计的时间同时被提前。特别是学校强调混合所有制改革中政府、高校、企业、学生及其家庭的多元互动，消磨改革的交易性成本，家长群体对子女教育的关注度与投入度被相应放大，在教育改革中的身份意识与地位进一步凸显。在某种程度上承担了改革共同试错的角色，以一种全新的身份介入高等职业教育的改革进程中，同时也以全新的力度参与其子女的职业规划和愿景设计中。

三是对家庭和社会教育资源投入取向的变化。中国家庭和社会对教育资源的投入取向呈现两极分化的态势。一些家庭和社会对教育资源投入呈现"保守化"态势，集中表现为对现行教育供给的简单默认，依据自我学习业绩状况，选择对应的教育类型与模式。另外部分家庭和社会则选择了跳脱原有教育框架与体系的"竞争性"模式，比如部分家庭子女选择出国留学等，甚至是不顾及自身子女学业状况、知识水平、身心成熟度、个人爱好取向等，片面用金钱购买境外高等教育服务。选读学校的层次与类别参差不齐，甚至演变为庞大的教育出口贸易，引发资源与资本外流。这种现象的存在，固然有学生家庭个人价值判断的原因，盲目崇洋媚外的教育功利观使然。但客观上国内高等教育格式工整、层级分明的体系设置也束缚了学生家庭的选择空间与权利等。而混合所有制高等职业教育改革为学生家庭的多元化教育选择提供了全新的契机，竞争性、市场性要素被全新引入高等教育战略选择中，家长对于教育投入、教育产出、教育绩效、教育弯道超车、教育发展与大学生成长规律等有着更加精准和多样化的选择。中国家庭教育投入的选择余地更大，更多家庭愿意通过新的教育投入方式选择更有成长性、孕育创新与变化、更有未来的教育类型与模式，直接带动了我国家庭对高等教育投入理念与模式的变革。而这在某种程度上也是驱使高等职业教育混合所有制改革持续走向深入的重要动力。在高等职业教育混合所有制改革快速推进的同时，中外合作大学、中外合作专业等办学模式也更加深入地走入中国家庭的深层认知结构中，这也表明，这些变化正在形成趋势，并演变为可喜的潮流。

四是家庭和社会对高等职业教育模式与职业愿景定位的深层变化。在中国传统家庭和社会认知结构中，高等职业教育位于整个高等教育体系的最底层，其上依次是新建本科院校、老牌普通本科院校、双一流大学、国外知名大学等等，高等职业教育成为家庭与社会"不得不选择、碍于分数、别无他图"的无奈之举,"上高等职业院校被定格人生低端发展层次"的观念在社会上大有市场。客观上也造成了高等职业教育社会地位低、关注度不足、社会认可度差、资源吸附能力弱等系列问题,造成高等职业教育发展的社会支撑不足、产业驱动不足、可持续发展愿景不足等问题,影响高等职业教育的健康发展。而混合所有制改革在高等职业教育中的推进,通过产教融合开辟了一条高等职业教育的新路,高等职业教育也可以通过精准嵌入重要产业门类,参与社会重要产业与核心领域的产业分工,在市场发展大潮中发挥重要作用,高等职业院校的学生也可以通过产教融合契机充分享有人生出彩的机会。高级技工、中国工匠、实用技能型人才同样成为社会的宝贵财富。高等职业教育不是横向发展层次上的"垫底门类",而是在纵向发展层次上独树一帜的关键门类及重要领域。今后从高等职业教育的未来发展层次与愿景来看,也可能尝试应用型技能硕士等等。高等职业教育与其他普通本科教育的差异,不是层次性差异,而是类别性差异,同样有机会"攀登金字塔""一览众山小"。高等职业教育在让人民群众享受更加公平、更高质量的高等教育,决胜全面建成小康社会,实现"两个一百年"奋斗目标、实现中华民族伟大复兴的中国梦中承担着重要使命、发挥着重要作用。

第七章

高等职业教育混合所有制办学的实施策略

高等职业教育混合所有制办学是一项系统工程，既涉及到学校与企业办学内部复杂因素的综合协调，也与国家发展战略、行业变化态势、教育政策实施等密切相关，是诸多办学合力在这个改革平台与轨道上集成实践。

一 "下"的实践摸索与"上"的政策适配同步并行

高等职业教育混合所有制改革是一项全新的实践，没有现成的改革样本和经验可以遵循。高校产权与企业如何融合，复合型产权如何有效传导为治理优势，高校育人属性与企业商业属性如何接驳，两者合作的安全边界如何设置，企业参股高校的动力如何激发，校企合作的对位匹配性如何界定等等议题考验着各级各类改革主体，需要在实践中摸索与确定。在改革实践中，坚持"下"的实践摸索与"上"的政策适配同步并行是基本的方法论要求。"下"的实践摸索遵循自主性、创新性原则，在确保社会主义的办学方向、立德树人的根本任务、国有教育资本的安全边界情况下，鼓励高等院校作为相对独立的改革主体，自主探寻摸索改革方式、实施策略及发展路径等，回答与处理好选择什么样的企业主体参与混合所有制改革，如何规避单纯性产业资本介入与资本运作对办学带来的潜在风险，如何把行业或区域领军企业、代表性行业纳入合作视野，实现生产链、育人链、创新链与资本链的有效结合，如何科学发挥行业组织作为中介组织的特殊功能，如何规避企业介入高校产权运作后对其他企业带来的排他性技术垄断风险，如何科学设置复合产权下的治理模式、降低交易成本、确保复合产权的治理效能，如何创新性建构校企整合型人才培养模式，最大限度发挥混合所有制人才培养平台优势，双师型师资队伍如何构建，绩效薪酬体系如何设计等等，这些系列问题有待高校在改革实践中自主探索与破解。"上"的政策适配遵循同步性原则，其节奏与速率由高校牵引，高校根据改革的推进状况，提出改革进程中需要教育主管部门上位政策明确的相关事项，明晰改革中上位授权事项的相关执行标准，或者说明晰上位政策红利的幅度，并将其有效结合到具体的改革实践中。比如现有的绩效总额度是否可以突破、人事关系是否可以灵活处理、学费是否可以按成本收费等等。通过"下"牵引"上"从动，"下"出题"上"答题，上下同步、供需对位，形成推进高等职业教育混合所有制改革基本的运动结构，确保改革的整体速率、节奏和质量。

二　典型样本重点培育与示范引导

当前高等职业教育混合所有制改革处于边改革边摸索边试点的阶段。在战略层面可以采取样本先行、重点培育、以点带面的策略。地方教育主管部门可以根据所辖区域内高等职业院校的整体发展情况，遴选自身有较强改革意愿、专业与区域主体产业或未来新兴产业匹配度较高、办学质量及效益较好的高等职业院校，作为改革试点单位。一般一个省级行政区内根据实际情况可以选择2—3所高校作为试点单位，便于在改革进程中形成政策比照效应。试点高校承担改革试点的重要任务，通过混合所有制办学的逐项探索，形成改革的基本框架、大的政策原则、实施策略与路径等，为改革提供系统化的参照样本及政策建议。政府相关职能部门要给予试点高校两项政策红利，一是改革的试错空间，给予试点高校较大空间体量的试错空间，在不踩及意识形态及国有资产流失红线、没有主观失误故意,属于改革进程中探索性、论证性、尝试性的,决策程序到位的问题,一旦出现失误,在政策法规界限内,予以政策包容,为多样化探索,尽可能多地形成改革样本与经验提供体制保障。二是前文中讲到的,与改革方向与要求相匹配的,突破原有政策局限的,大口径的政策赋权,充分激发改革的内在活力、动力与潜力。以大口径的政策赋权全面提升改革的整体规格、加大实施力度、突破既有体制的束缚、形成全新的改革样本、推进改革取得实效。

三 充分发挥改革枢纽杠杆力量

要充分发挥改革枢纽杠杆作用,以一个关键点位撬动改革的全局。注重多样化政策工具的使用。根据不同的情况,结合改革样本的特殊实际,形成多样化的改革突破定位及传动机制。比如改革枢纽杠杆可以是治理机制建设,围绕复合型产权结构下新型治理结构,探索如何构建校企合作型治理机制,并将校企合作的特殊优势深度植入到人才培养、科学研究、社会服务和文化传承的各个方面,以此为支点,撬动各个方面的系统性变革,构建改革的政策模型。同时也可以尝试以分配制度改革这一关键点位破冰,撬动整体改革局面。从混合所有制下的分配制度改革倒推人员身份重新厘定,再溯及校企深度结合的运行模式建设等,层层推导,从局部向全局展开,明晰改革的行进路线。从另外一种视角来观察,也可以尝试以人才培养模式改革来作为混合所有制改革的驱动支点。通过校企协作型人才培养模式改革的探索,分析和研判混合所有制改革中校企联动的作用机制及其结构,再将其延展到协作科研、协作社会服务、文化共建等方面,进而推导出混合所有制改革背景下的系统性治理结构。不同支点的运用取决于改革主体的实际情况,如果校企双方整体性恰合度较高,合作目标愿景趋同,合作推进状况相对稳定,则可以较多从治理机制环节打开突破口。如果整体合作前景还不特别明朗,还处在相互摸索与探索阶段,可以尝试从校企合作人才培养模式改革入手,逐步厘清双方的合作意图、彼此能接受的改革限度,为下一步改革实施提供依据。如果整体改革方案和治理机制等尚缺乏系统考虑及整体设计,相关情况还没有特别把握,则可以尝试从点状的绩效分配制度改革入手,打开改革的思路及缺口,为全局性改革的推进找到合理破题点。

四 注重改革的综合配套设计

高等职业教育混合所有制改革是一项全新事物,涉及高校治理体系、人才培养模式、产学研合作机制等办学的方方面面,办学各要素之间存在着紧密的联动关系,某一项改革的策略意图及实现方式直接关系到周边改革的协同推进,也可能影响到改革的全局。在改革中必须要坚持综合配套设计,其主要有三层要求。第一层要求,点面结合。在确立某一重点推进的改革内容时,必须统筹兼顾考虑联动领域的改革政策赋予问题,避免改革的单兵突进,形不成合力,甚至是出现制度性抵触等。比如在薪酬体系改革设计中,就要充分兼顾考虑校企协作双师型队伍如何纳入办学政策口径、如何重新定义现有绩效分配体系、原有的纯事业身份如何与混合所有制改革后的新兴体制机制相衔接等问题,做好关联政策体系的系统性设计。第二层要求,环环相扣。"点面结合"强调了主体政策与关联政策的协同,而"环环相扣"则重点突出注重改革的微观内在链接关系,高等职业教育的混合所有制改革既涉及大政策体系的重构、改革实践模式的优化、也涉及师生主体复杂利益关系调适及情感适应等复杂问题,点对点的利益关系复杂、多元、动态,理性与感性缠绕交织在一起。这就要求在改革中谨慎稳妥处理好各个相关改革部分之间的微观链接关系,综合考虑到改革的力度、节奏、师生员工的承受度与接纳度等问题,形成正向和谐的"环环相扣"关系,增强改革交织节点的润滑度,消减改革成本,化解改革压力。比如课程、任课师资与课时的联动关系处理等等。第三层要求，合纵连横。高等职业教育混合所有制改革涉及高校、企业、行业中介组织、政府机关、家庭、学生及社会的复杂关系，在改革的综合配套设计中既要考虑到校内各关联主体间的关系处理，也要考虑到校企、校政企、家庭、社会及学生个体间的多元复杂关系，梳理清楚关键利益导流架构及改革运动方式，在合纵连横中尽可能化解意识分歧，消磨利益壁垒，构筑合力机制。

五　发挥高等职业教育扩招的红利效应

2019年党中央国务院做出了高等职业教育扩招的重要战略决定，当年圆满完成100万人的扩招任务。高等职业教育扩招对混合所有制改革的推进具有三层重要意义。第一，生源规模的扩容及层次结构的多元化为混合所有制改革提供了更加充裕的空间。高等职业教育整体生源规模的扩容为混合所有制高等职业院校提供更加充裕的生源，极大扩充了改革的伸展度及韧性。特别是本次高职扩招主要面向农民工、下岗职工、退役军人、新型职业农民等社会生源的考生，这些考生中很多人已经有工作经历和社会经验，与区域产业与行业存在着或多或少的接触度，有些人有明确的工作岗位，他们是未来新型产业工人的重要来源，是区域行业与产业匹配性人才的重要来源。面向行业创新变革、产教高度一体化的混合所有制高等职业院校对这部分增量考生有着巨大吸引力，开拓了混合所有制改革的生源空间。第二，高等职业教育扩招有利于凸显混合所有制高等职业院校的引领地位。本次高职院校扩招强调质量型扩招，明确要求用优质高校拉动一般办学水平高校，提高优质职业教育资源使用效率，加强办学条件薄弱公办高职院校改造，整体提升办学水平。混合所有制高职院校的建设，契合公办高职院校优化、改造、提升的整体政策路径，也是公办高职院校改造的重要战略举措。同时它可以依托校企深度结合所形成资源共享优势、人才共育优势、治理共谋优势,大幅提升办学实力,并带动一定区域范围高等职业院校群体的发展,为质量型扩招作出贡献。与此同时,扩招中强调的"通过资源整合挖潜一批、专项培训培育一批、校企合作解决一批、'银龄讲学'补充一批、社会力量兼职一批,加快补充急需的专业教师"、"加快学历证书和职业技能等级证书互通衔接"等与高等职业教育混合所有制改革的扩面挖潜转制路径高度契合,较易形成合力。第三,高等职业教育扩招的目的与导向有助于深化高等职业教育混合所有制改革。有专家指出,高职扩招 100 万人,不单是着眼于高考生源各录取层次的平衡,更是稳就业"棋盘"里的重要落子。只有将含高职在内的职业教育充分激活,由其输出更多高技能人才,这既能在未来解决"结构性失业",同时也是结构性增加就业供给,为社会经济发展提供足够的人力资源支撑[①]。非常明显,高等职业教育扩招的目的在于促进与实现优质就业,有效缓解我国低层次就业的社会压力。这就更加促使混合所有制高等职业院校充分发挥自身的体制与资源优势,以产教一体化促进在校能力培养与职业技能一体化、求学与就业一体化、就学与创业一体化等,全面深化人才培养模式改革等,全面服务高质量就业。

六 注重人工智能等技术变革对高等职业教育混合所有制改革的红利效应释放

人工智能等新兴技术发展掀起了新一轮产业革命,迸发出极大的创新活力,深度改变了产业发展模式、产业发展动能及产业形态,重塑了产业发展图景。它对高等职业教育混合所有制改革起到了重要的推动作用。主要体现在以下三个方面。第一方面,新兴技术引发的产业革命更为迅速地传导为人才培养模式革命。混合所有制高等职业教育构建了产

---

① 《高职扩招 100 万人,也是改变就业供给端结构》,《中国政府网》2019 年 3 月 15 日。

教高度一体化的办学模式，人工智能、大数据等新兴技术发展引发的产业革命将在第一时间传导到产教共同体中的高等职业院校中，引发教育教学理念、课程体系、实践教学模式、社会服务机制等的系列变革，使之快速契入产业发展的最新趋势，全面提升办学的时代性、前沿性。第二方面，人工智能引发了高等教育教学模式的深度变革，这种变革与企业创新的协同催化，引发高等职业教育新的治理革命与培养革命。当前人工智能对高等教育的影响主要体现在三个方面。第一，人工智能实现了高等教育低阶教学的功能性替代。智能教学设备逐步进入教学环节，通过数据挖掘、聚类与分析等，动态多维展示学生学情状况，辅助高校教师承担教学素材采集、教学方案设计、教学答疑、教学测试及评价等程式性工作，让高校教师有更多的时间和精力从事学生创造性思维、情感交互能力、复杂问题解决能力。第二，人工智能建构了"因材施教"的智慧成像模式。大数据挖掘与智能分析技术通过学生课业成绩的参数变化、外在学习行为变迁及内在心理测度等精准描摹不同群体甚至个体的学习状况，追踪知识接收、迁移轨迹，形成与学生个体特质、学习目标、潜力状况等具有高度适配性的个体化学习解决方案，有效地推进了因材施教和个性化深度学习。第三，人工智能有效支撑了"云端一体"的泛在教学体系。人工智能赋予了传统在线教育、移动学习以全新的智能应用模式，实现从平台多样化向教育资源跨时空、跨地域立体交互通联的转变。全球课堂通过智能交互技术等更加紧密地连接在一起，构建了跨越国界的知识联盟共同体[1]。人工智能带给高等教育的这些深度变革，通过混合所有制的平台，与企业创新变革形成合流，极大提升了高校人才培养质量。比如人工智能背景下高校教师高阶智力劳动与企业优势智力资源的"耦合"，高校人才培养模式的迭代与"机器换人"背景

---

[1] 赵渊：《人工智能时代的高等教育抉择：方向、策略与路径》，《社会科学战线》2019年第10期。

下产业工人劳动层级提升的契合，个体化因材施教与新兴产业精细化分工的契合，全球课堂、跨国知识联盟与技术创新产业创新全球一体化进程的深度结合等等，这将极大地助推高校人才培养质量的提升。第三方面，人工智能引发的管理极大提升了高校的办学效率。人工智能定义了智慧校园的迭代模式与功能形态。区别于传统办公自动化、网上校园等信息化校园建设模式，智慧校园是基于深度学习、大数据、数据可视化技术的校园"智慧大脑"建设。通过智慧极驱动、架构校园智能循环系统，实现所有办学要素的数字化搭建、智能化呈现、集约化运用，以办学智能综合体建设带动高校治理结构与办学生态系统的转型升级[①]。这样的管理与效率革命作用于所有高校群体，混合所有制高等职业院校因为其体制更加灵活、资本更加雄厚、与社会的接驳更加密切，对人工智能技术的引入速度更快、效率更高，对高校治理能力及办学质量提升的作用也将更加明显。

七 发挥普通本科教育改革对高等职业教育混合所有制办学的联动牵引作用

当前本科教育改革中的一些好理念、好经验和好方法对高等职业教育混合所有制改革具有重要启示作用。发挥这些因素的积极作用，将有助于加速推进高等职业教育混合所有制改革。特别是本科教育"双万计划"的实施，为高等职业教育改革与发展带来了重要启示。其主要体现在以下两个方面。第一是对课程建设的启示。国家将用三年左右时间，建成万门左右国家级和万门左右省级一流本科课程，围绕观念理念转变、课程目标导向、提升教师能力、改革教学方法、科学评价学生学

---

① 赵渊：《人工智能时代的高等教育抉择：方向、策略与路径》，《社会科学战线》2019年第10期。

习、严格制度管理、强化激励机制等出台一系列政策举措，解决人才培养中心地位和本科教学基础地位还不够牢固，不同类型高校课程体系同质化，课程质量不高，教学方法单一，中国特色、世界水平的课程建设有待加强等问题[①]。"双万计划"虽然针对本科院校的课程建设，但其强调的教学理念转变、严格的课堂管理、因材施教的教学方法、科学合理的评价体制机制等对高等职业教育人才模式具有重要启示意义，特别是在混合所有制改革实践中，利用校企双方共同的资源优势，深入改革教育教学模式，建设双师型队伍强化师资整体质量等，都将为提升混改成效添砖加瓦。与此同时，校企协同中的课程管理规范、质量监管等问题的提前重视，也有助于化解体制改革交合地带接驳不紧密带来的风险。魏中林在《面向 2035 的一流应用型本科教育发展》一文中提出的应用型本科教育"再造流程、重构课程"的做法也值得高职院校参考。所谓再造流程、重构课程，指的是重新审视打破传统学科性人才培养的内容、结构和过程，按需要重组人才培养课程、结构和流程，最终建立以提高实践能力为引领的人才培养流程，进而形成产教融合、协同育人的人才培养模式，实现专业链与产业链、课程内容与职业标准、教学过程与生产过程对接[②]。第二是对专业建设的启示。胡金焱在《关于加快推进新时代本科教育改革的思考》一文中提出，要紧扣国家发展需求，主动适应新一轮科技革命和产业变革，着力深化专业综合改革，优化专业结构，积极发展新兴专业，改造提升传统专业，打造特色优势专业。在专业存量建设上强化整合，改造传统老化专业，压缩长线冷门专业，归并相近碎片化专业，暂停甚至取消办学条件差、办学能力弱的专业，打造与时俱进的本科专业升级版，实现专业建设的新旧动能转换[③]。这些对本科高校专业建设的要求同样适应于高职院校专业建设，特别是要把

---

① 《中国启动"双万计划"推动本科教育质量提升》，《中国新闻网》2019 年 10 月 31 日。
② 魏中林：《面向 2035 的一流应用型本科教育发展》，《高教探索》2019 年第 11 期。
③ 金焱：《关于加快推进新时代本科教育改革的思考》，《中国高教研究》2020 年第 1 期。

握高等职业教育混合所有制改革的战略契机，加速对传统专业的改造与提升，围绕行业产业发展需求，丰富专业内涵、优化专业门类、调整专业结构、汇聚专业资源、完善专业形态、营造专业生态等，以校企协同、产教融合，以最新的技术发展趋势及形态改造传统专业，以最新的技术创新流程及产业创新蝶变态势重构专业生长机制，以最优的资源汇聚方式夯实专业建设的基础，用高质量的专业建设为办学提供强有力的支撑。

第八章

高等职业教育混合所有制改革的发展路径

一 高等职业教育混合所有制改革的办学理念厘清

高等职业教育混合所有制改革以教育产权结构变革为切入点，引领高校治理模式、办学机制、发展路径等的系统变革，带动人才培养模式、师资队伍建设、资源配置方式等的结构性重塑。而在其中，办学理念的变革具有"提纲挈领"的核心引领作用，它引导着高等职业教育混合所有制改革技术性环节的磨合方向与路径，深层激发办学体制创新的动力，并藉此持续释放高等职业教育改革的红利。

（一）多元产权结构下的办学理念循证模式

高等职业教育混合所有制改革将原有的单中心治理的一元结构演变为复合产权结构。以产权为纽带，促进多个办学主体价值愿景、办学资源、运行模式的实质性融合。在高等教育办学的核心愿景指引下，通过各办学主体与要素的深度结合，探索一种全新的、与我国高等职业教育未来发展具有高度适配性的办学模式及发展路径。办学理念的循证模式，即在于通过不同办学主体间的价值共融结构关系、价值连接点及其互嵌方式的深度讨论，明确基于复合产权结构的办学理念构成诸元，进而为共有价值的形成打下基础。

一是高等职业教育的育人主体性及市场间接育人机制的价值接驳。

教育的核心功能是育人，它是所有教育活动的中心。而市场遵循其自我发展规律与法则。在高等职业教育混合所有制改革中，我们倡导通过产权结构的联接,使企业在教育中的资本投入直接服务于人才培养,进而以人才为枢纽间接推动企业发展与产业创新。这种直接目的性与间接传递性在衔接过程中面临不同愿景诉求、技术细节、配套保障机制等的诸多考验,要求企业主体在混合所有制改革中能够充分理解、认同与支持高等教育办学的特有情怀、价值愿景、发展通道、贡献规律等,具备坚守价值的恒心、战略耐心及发展决心,使间接性育人机制能够有效服从与服务于育人主体性需求,构建基于育人主体性的稳健运行结构,推动高等职业教育混合所有制改革走向深入。

二是政府、企业、市场、劳动力主体等多种价值诸元的利益冲突及其磨合。

高等职业教育混合所有制改革,将企业资本纳入高校产权结构,构建新型治理模式,从更深层的意义上讲,它撬动了政府、企业、市场、学生、家庭等多个方面因素。改革进程中不同主体拥有其各自的利益诉求。政府期待在公办高等教育与民办高等教育之间构建"第三板块",通过改革兼具有公办与民办高等教育的优点,激发高等教育的活力,形成新的改革样本,为中国特色高等教育体系建设提供新"亮点"。基于此,政府会提供更多的政策试验空间与平台,但在这个过程中,政府对教育的宏观掌握权与影响力问题,意识形态风险防控问题,改革中社会、学生及其家庭的认可度与接受度问题,评价机制与标准问题困扰着政府的战略抉择。产业市场与教育体系的接驳,教育版图内不同类型办学主体间市场份额的切割,学生接受多元化教育的意愿及其潜力激发,家长对混合所有制的认同,国有企业混合所有制改革对高等职业教育混合所有制改革的正或负牵引等多元利益因素引发着价值层面的多层次、多样式碰撞,也直接或间接影响到混合所有制下科学办学理念的形成。将高等职业教育混合所有制改革作为一种正向改革样本及实践路径予以确立,将多主体多元价值诉求统一到改革样本的改革意志、目标、决心和利益诉求中,将有助于形成全新的办学理念,并与其治理体制、办学优势形成有效统一。

（二）多元产权结构下办学价值共识形成

一是以应用为导向的办学价值共识。

高等职业教育办学以应用为基本导向，直接满足于产业一线的技能型专业人才的供给需求。特别是混合所有制改革，直接面向企业和行业最新技术变革态势培养人才，满足人才的最新专业化、实用性需求、实现人才供给侧与需求侧的无缝贴合，其"应用"的价值取向更加凸显，并全面贯穿到办学战略、人才培养目标、师资队伍建设、产学研合作模式、社会服务体系、国际交流与合作等方方面面，持续强化高等职业教育在我国高等教育体系中的分层作用和功能定位。

二是统合运行、逻辑对位的办学价值共识。

混合所有制的本质是多元产权关系的架构。它带来了新的办学主体、治理体系及运行格局。在高等职业教育混合所有制办学中，必须要建立统合运行的价值共识，要把多元主体的资本投入、新的办学权力要素的介入及权力体系的布局、社会合作模式及产出机制的创新、顶岗实习、学徒化培养机制等等纳入到混合所有制一体化办学理念、治理体系与运行格局中，杜绝碎片化、零散化、阶段化、游离化改革倾向及态势。

三是功能复合一体化的办学价值共识。

要充分发挥混合所有制改革的优势，将以产权结构为纽带的深度产学研合作全面纳入教材体系建设、课堂教学模式改革、课外实践体系建设、双师型队伍建设、人才评价体系改革、绩效考核制度改革、资源配置模式改革、学科专业结构搭建、社会服务及产业反哺模式创新中，将企业创新要素与平台纳入办学各相关体系，实现各相关功能模块的互相嵌入，建构功能复合一体化的办学模式与办学体系，有效实现功能、资源等的互补、融合与集成，构筑混合所有制办学的核心竞争力。

四是基于目标公平与过程公平兼备的办学价值共识。

高等职业教育的混合所有制改革,其重要目的是让人才更好地贴近市场,进而使技术创新更好地服务市场。最终实现高校办学帮助个人与家庭成就人生梦想,为产业创新升级提供核心动力的目标。这个过程中,就要充分处理好目标公平和过程公平的关系。在出口端,要通过混合所有制改革,实现职业教育人才更高质量、更加适配精准、更能满足个人意愿的就业。在过程端,要通过混合所有制改革,让学生享受更加个性化、多样化、前沿性、实用性并举的教育内容、教育体验与教育环境等,享受更高质量的过程教育。实现目标公平与过程公平的兼备。

五是基于国民基底素质培养的办学价值共识。

教育培养的是专门化人才。高等职业教育更是培养专门化、高层次、应用型专业人才。但同时,高等教育培养的是国民的基底素质,培养着青年大学生的价值观、世界观、人生观、共情能力、道德操守、人文素质、个性特点等基础性素质与能力。特别是高等职业教育的混合所有制改革,打破了原有的象牙塔封闭体系,构筑了校企一体化的开放办学格局,在企业与市场的演化进程中,在社会发展浪潮中,调动各种教育资源与要素,培养青年大学生的基底素质与能力,夯实国民素质结构基础。

六是精致化、分层化的办学价值共识。

企业经营活动讲究充分适应、满足与引领市场发展需求。高等职业教育混合所有制改革实现了从校企合作到校企融合的跨越,打破了校区合作的藩篱。基于产业精细化分工、行业精细化分层、岗位精细化技能的现代生产模式被全方位引入高校办学,传统的大规划、集群化、粗线条人才培养模式将被裂解,精致化、分层化将成为重要的办学价值共识。

七是坚持意识形态铸魂的办学价值共识。

坚持以习近平新时代中国特色社会主义思想为指导是高校办学之魂。牢牢把握意识形态领导权、守牢意识形态主阵地是办学之基。混合所有制办学改革带来了两方面的办学挑战与机遇。一是企业和社会的文化思潮、价值观念会更加容易进入到高校中，对高校意识形态建设带来严峻挑战；二是企业和社会的意识形态建设要素和价值因子可以更好地引入高校，实现价值共鸣。这就要求高校在混合所有制改革中要坚持"趋利避害"，牢牢把握住高校意识形态建设红线，充分利用好高校、企业与社会多样化的意识形态教育素材，打造高校意识形态建设的坚强阵地，夯实办学思想之基。

二 高等职业教育混合所有制改革的人才培养机制

高等职业教育混合所有制改革打通了课内与课外、教学与实践、学校与企业两大平台、两种资源、两个环境，使人才培养更加贴近产业创新的愿景、市场发展的需求，形成了人才培养上的独特优势。

（一）构建实战化、精细化、前沿性人才培养理念

实战化、精细化、前沿性是混合所有制改革背景下高等职业教育人才培养的创新理念。

实战化是高等职业教育人才培养的基本素质要求。高等职业教育是面向应用的技能型教育，是嵌入生产环节的顶岗实践型、在岗实践型教育。混合所有制改革通过产权复合，使原有的外延型产学研合作内化为办学核心利益的共同价值追求和实践行动。深度链入企业生产创新环节的实战化人才培养成为其主要培养特色与优势。其基本内涵与要求包括以下四个方面。第一方面，人才培养的基本规格按照产业实战的标准确定原则，混合所有制参股企业及其关联企业集团参与学校人才培养目标、模式及方案的制定，将行业最新的发展需求及技术变革态势引入人才培养目标及其视野，在人才培养顶层设计上实现与行业及产业发展的"齐弦合奏""无缝对接"。第二方面，强化人才的实战岗位培养与历练。改变原有的封闭性、单一化的人才培养模式，将在岗和顶岗实战培养纳

入人才培养的基本环节与内容，构建课堂理论教学与企业岗位实战培养嵌入式、融合式一体化发展，彻底改变原有的课堂教学及实践为主，附加适当课外实践的模式，用在岗和顶岗实战反向驱动课堂理论教学模式的创新等等。第三方面，以实战的标准考核及评价人才培养成效。在实战的维度中，以岗位适配性、应用性及现实贡献率作为人才培养成效的基本考察点，更加注重高等职业教育人才培养的"对位贡献度"和"嵌入贡献度"的考察。第四方面，强化实战性资源的全域导入。在人才培养环节中，既要注重将实战性要素、实战性资源导入人才核心专业技能的培养中，也注重与学生德智体美劳全面发展的紧密结合，与人才培养的第二、第三课堂的有效结合，与青年大学生创新创业等的有效衔接，打造全域实战模式。

精细化是适应行业和产业发展最新趋势的培养要求。现代产业发展的一个典型特征是产品的精细化、专业化分层加剧。原有的大口径、宽泛化人才培养规格和模式很难适应当前产业发展的需求。紧密贴合行业与产业发展需求，高度精细化、专业化来定位人才培养规格成为基本选择。这就要求根据产业链细分环节与门类的特点，在一定专业领域内开设不同的专业方向，使专业重点方向、培养重点与产业链发展精准对位，将原有的"订单式"培养从"包出口"的订单到"提前岗位精准适配"的订单。同时，在推动"精细化"培养进程中，要高度重视通过高质量的精细化来抵消小口径的潜在就业面辖制，位于顶端技能阶层的"精细化"可以有效破解专精化带来的口径适配性难题。而混合所有制改革为这种顶端技能阶层的"精细化"能力锻造提供了体制基础与能力平台。

前沿性是混合所有制改革背景下人才竞争力的重要显现方式。混合所有制改革在构建企业参股高校的机制平台的同时，也使高职院校办学直接切入市场与企业的核心环节，构筑了校企一体化发展模式，前沿技术变革潮流、产业发展模式创新等可以在第一时间进入高等职业教育的人才培养模式，成为构筑"双前沿"的重要支撑。即在高等职业教育版图中的前沿性竞争优势,在产业与企业发展中的前沿性竞争优势。

(二)探索更具层次感与竞争力的人才目标

高等职业教育混合所有制改革背景下,高校要探索更具层次感与竞争力的人才目标。其主要有三层内涵。第一,在人才培养上要有分类导流的概念。传统的人才培养,以单一纵向维度的"优、良、差"作为直线考察标准。在新时代人才培养视域中,应该更加强调分类型的适配性问题,合适的才是最能激发潜力的,才是最好的。分类导流需要有产业图谱及岗位参照系,混合所有制改革提供了大学生培养多元化、立体化的"参照坐标",让"一个标准""一个方案"演变为"微观描摹""具象刻画",人才培养的生动性与立体性得到充分彰显。第二,在人才培养路径上要有"跃迁式"发展的路径尝试。混合所有制改革让原有的企业大学的办学优势与特色可以逐步吸收到国民教育序列的办学体系中,原有的"中规中矩"的规范化、模式化办学体系和路径存在着被颠覆的可能性。企业内培的引入,企业自身职业培养模式和通道与高校人才培养模式的合流,国民教育与职后培训的衔接,职业教育与本科教育的挂钩,师徒模式、菜单选择培养的推广等等,为"跃迁式"人才培养提供了可能。第三,特色化人口培养窗口的开启。高等职业教育的混合所有制改革为人才培养创新提供了全新的政策平台,衍生出众多人才培养的创新发展空间。比如原有的"休学创业"可以改变为具有极强专业性和职业性趋导的"在岗专业化创业",人才培养的成果由课业总结转化为代表性实践和绩效表现认定,杰出的技能能手或岗位专家可以摆脱原有评价体系的僵化束缚,使以能力提升为基本培养导向的高等职业教育人才培养目标真正落地。

(三)构建项目化、产业化的产教深度融合培养模式

高等职业教育的混合所有制改革构建了产教深度融合的体制机制

环境。产教深度融合实现了对人才培养链的全要素、全环节、全过程塑造，产教双向对接成为混合所有制高等职业院校的主要人才培养特色与核心竞争力。而这种产教融合大都建立在项目化、产业化的机制与模式之上。项目化指的是企业的技术创新和高校的育人创新共同体不是一个碎片化体系，而是承载着具体培养需要、创新标的、能力模块、要素体系的项目化机制，有项目牵头人、项目成员，分功能的项目成员构成职能图谱等等。项目以某一产业的某一环节、专业门类或重大技术创新与运用需求为牵引，构建集约化的育人与产业结合体。在大学生基础能力培养基础上的项目化，其本质即是构建了基础性通识技能模块+实战实测应用能力的培养模式，这种培养与组织模式有效兼顾了基础层级和递进层级之间的逻辑关系，形成了创新型的人才培养闭环。产业化指的是人才培养必须以实际的产业运用力与贡献率为基本价值取向。要充分利用混合所有制改革深度介入产业的优势，以技能的产业运用及转化作为人才培养的基本价值取向，以技能的产业运用及转化作为人才培养模式建构的基点，贯穿到人才培养的各要素、各环节。打破"学用脱节"传统弊端的束缚，构建高等职业教育的"顶层集团"，从人才培养的技能层面打破"毕业即失业"供需不对位等矛盾，为新时代高等职业教育大扩招后的人才出口问题提供全新的纾解对策与思路。

（四）探索多维、立体、开放课程体系

课程体系建设是人才培养模式的基本构成单元，在很大程度上，课程体系状况决定了人才培养的基本面貌。好的课程体系是与人才培养理念、人才定位相契合的[①]。要充分发挥混合所有制改革的体制红利，探索

---

① 孙立会、刘思远：《工程教育贯通式培养需要怎样的课程体系——来自东京工业大学楔形课程体系的启示》，《重庆高教研究》2019年第4期。

构建多维、立体、开放的课程体系。其主要内涵及要求有四层要义。第一，架构起理论教育与实践教育之间的连贯逻辑体系，解决好传统的"理论教育强、实践教育弱"或者"理论与实践教育两张皮"现象，构建具有应用型高等职业教育特点的理论实践课一体化体系。在这个过程中，要明确以实践运用创新为基本驱动轴，将企业与产业最新的技术变革趋势与岗位实践要求带入课堂与课程体系，带动理论课程体系结构与内容的重塑，持续凸显高等职业教育的应用型导向。第二，创新学制，比如可以探索建立"四分之一学制"或"多学期"制度等，将一年分为四个学期等，将理论学习与在岗实践打通，实现"理论学期"—"实践学期"—"理论学期"—"实践学期"之间的交叉糅合，或者在同一学期内，叠加理论与实践课程等，根据人才培养的需要，打破原有固化学制的束缚，探索弹性学制等，为学生多样化学习、多元化学习提供平台。第三，打造复合型课程。要将专业能力培养、通识性基础能力培养等纳入一体化平台，在培养青年大学生过硬专业技能的同时，注重培养其健全人格及心理结构、社会交往及活动能力、组织协调及统筹、共情能力等，使其具备更加全面的素质。特别是当前互联网技术快速发展的背景下，要大力培养青年大学生技术运用能力和互联网文化素养等。学校也要积极争取条件，开展网络课程，建立互联网共享课堂、虚拟课堂，多渠道开发与利用网络教育资源等，多渠道拓宽网络教育资源覆盖面等。第四，探索建立模块化的课程体系，打破原有统一、固定、程式化严重的课程体系的束缚，根据混合所有制改革校企深度结合带来的教学内容与教学样式极大丰富的红利，围绕学生的个性化成长成才需要，开发多样化课程内容、实行多样化教学模式选择等，适时开发课程模块，尝试课程设置模块化，每一个模块内容体量适当，结构完整、逻辑清楚、要求明确，方便学生根据自身情况进行自我选择，实现"菜单式"选课、"个性化"选课，通过不同知识单元的组合搭建适合自身的知识架构与内容体系。

（五）探索更具适配性与牵引力的人才培养评价机制

人才培养评价机制发挥着指挥棒的作用。要探索建立更具适配性与牵引力的人才培养评价机制，就是要使人才培养评价更好地反哺混合所有制改革下人才培养模式的改革与创新等。其主要体现在四层基本内容要义上。第一，开展多元化评价，不再以一把标尺度量所有学生，本着真实反映不同特长、不同岗位、不同需求学生学业成绩的取向，根据校企融合、多样化多层次育人的状况，设立不同的目标和考核内容，允许青年大学生通过多样化方式评价学生学习成效，比如在传统课堂理论考核的基础上，引入在岗实践综合评价等，鼓励学生通过组织创新创意团队、开展实践技能研发等方式证明学业成绩。要特别注重学生思想道德素质与综合文化素养等的考察，全面客观反映学生的综合培养成效。第二，开展多样化评价，既要有重点地考察终端学业成就，也要注重过程性考察，比如学生的主观能动性、探索进取精神等主观学习态度的考察，过程中统筹与协调能力的考察等等；要注重定量考察与定性考察的充分结合，精准描摹学生专业精神与能力、创新创业特质等等。要充分发挥校企结合立体化培养的优势，根据不同的专业特点、岗位特质需求，系统梳理过程、环节、环境、主观、客观等各关联要素，尝试建立基于多样化评价导向的专业化评价机制，实现评价考核"专业特色性""人岗相适性"。第三，开展多层次评价。在进行综合性评价的同时，根据企业和行业用人的具体需求，积极开展多层次评价。比如专项评价，主要考察人才的某一方面特长与优势等，比如技术创新能力、精细化动手能力、团队协作能力、市场拓展能力等等，并与人才的个性特质有效结合，可以更加精准适配企业与行业具体工种与门类的需求。在多层次评价中，也可以积极尝试引入企业对专业化人才的考核与评价标准，实现校企双向评价的融合，更好地体现评价标准的科学性、全面性。第四、开展多路径评价。基于混合所有制改革复合产权结构的状况，要积极发挥多主体办学的独特优势，在高校自身评价的同时，积极引入企业评价、行业组织评价、社会评价等，构建多主体复合型评价，反映各关联主体对于创新型人才培养的需求。在条件成熟的情况下尝试探讨引入第三方评价的可能性，将原有的自我封闭式评价拓展为主客观结合的系统性、科学性评价。

三　高等职业教育混合所有制改革的师资队伍建设

师资队伍建设水平直接关系着人才培养质量。校企高质量师资队伍建设是混合所有制改革红利的重要体现方式，也支撑着混合所有制改革人才培养质量的持续提升。

（一）构建交互融通、实战为先的双师型队伍

高等职业教育的混合所有制改革以复合型产权关系建构为纽带，打破了校企双方的体制性藩篱。交互融通、实战为先的双师型师资队伍建设为高校办学质量的提升插上了有力的翅膀。双师型队伍的建设主要有两层含义。第一，高等职业院校师资打破从高校到高校、从理论到理论抑或从行业到高校，又逐渐与行业相疏离的传统师资培养模式局限，根据高等职业院校的办学特点，高校专业师资在从事高校教学实践工作的同时，打通与行业及企业的界限，参与产业行业布局顶层设计、重大技术项目攻关、产业业务工艺体系优化、产业组织模式变革等重大工作，建立常态化的在企兼职和工作机制，明确一定份额、工作时间界限，或者以项目制、融合式团队的方式参与企业技术创新与产业发展等，并作为刚性要求。通过这样的方式，有效解决当前高等职业院校师资实践能力不强、与行业结合度不紧等问题，全面提升师资队伍建设质量。第二，行业及企业技术骨干参与高等职业院校人才培养工作。建立常态化、系统化机制，组织实施行业及企业技术骨干在高校任教的双聘工作

等，要求行业及企业技术骨干参与高等职业院校人才培养目标设计、课堂内容及课程体系建设、人才培养模式创新等，并对其教学基本素质培养，积极尝试开设专业性对口课程等。浙江省杭州某高职院校在开设课程时实行"一个高校在职教师＋一个技术对口专业技术骨干"的组合方式，将最新的实战应用技术潮流与传统高校课堂理论体系相结合，既注重了知识体系的相对完整性，又很好地兼顾了最新的实战应用性，取得了很好的成效。通过将企业技术骨干引入高校教学体系的方式，将最新的技术思想、技术创新要求及产业发展动态引入高校，促进了高校办学与实践紧密结合。在条件成熟的情况下，可以尝试邀请企业行业师资以项目化的方式，带领高校教师与学生共同参与企业重大项目研发与改进进程等，将课程建设、人才培养、师资涵养、社会服务等建立在具有一定任务目标及技术指向性的项目化团队上，以行业企业师资这一杠杆支点撬动整个师生团队竞争力的提升。

（二）改革师资培养、使用及评价机制

混合所有制高等职业院校的师资培养与使用采用校企融合一体化培养模式。根据深度产教融合的需要，建立校企师资融合性培养平台与机制，所有高校关联性专业师资与企业技术人才全部进入人才报表与培养平台，建立系统性的师资培养及使用规划，形成"一人一策""一策一案"，明确个体所属的学科专业方向，所承担的主要课程，人才培养体系建设中的主要任务及职能，当前经历及知识结构存在的主要不足等。整体师资培养与使用遵循以下三步发展路径：第一步，交叉性补差，针对高等职业院校师资行业技术创新能力不足的缺点，行业师资教学手段与能力不足的缺点，进行有针对性的能力补差，补足双师复合型能力结构中的短板；第二步，能力融合性培养，将高职院校师资与企业技术骨干等纳入同一公共平台进行融合性培养，双方通过固定活动、组织专题研讨等方式，共同编制教案、讨论技术难点、创新课程体系及人才培养

模式等，在深入交流中实现双方的充分互补与融合；第三步，项目制历练提升。通过在校企师资中共同选拔专业骨干，以项目制的方式，带领师生共同承担企业重大创新项目、重大改革工程等，通过实战化项目、带领学生专业实践和创新创业等，历练一支适应校企双方共同需要的、过硬的双师型师资团队。混合所有制改革下的师资评价采取以人才培养为主线的双体系标准。高等职业教育的混合所有制改革落点在"教育"，培养高质量人才始终是高等职业教育混合所有制改革的根本"落脚点"，所以无论对高校师资的考核，还是对企业技术骨干在高校从事教育教学活动的考察，都必须始终坚持"高校视野""育人标准"，以人才培养质量作为师资考核评价的主要标准。高校与企业的双师在企业技术创新、产业发展中做出的重大贡献可以以一定份额纳入其个人考核与评价。但在这个过程中必须始终明确一点，从高校办学而言，技术和产业贡献都是培养高素质专业人才的中继性手段。从最终的逻辑价值指向而言，正态的、源源不断的人才培养机制的形成，将最终为产业创新与企业发展提供持之以恒的人力资源供给。

（三）带职创业等创新型师资涵育道路探索

2018年9月18日，国务院印发了《关于推动创新创业高质量发展打造"双创"升级版的意见》，明确提出"推动形成线上线下结合、产学研用协同、大中小企业融合的创新创业格局，为加快培育发展新动能、实现更充分就业和经济高质量发展提供坚实保障"的要求。当前大学生创新创业和大学教师带职创业成为一种潮流，成为"双创"的重要力量。高等职业教育混合所有制改革后，如何将高校教师依托专业、立足行业，推动知识技能产业化的创业纳入师资涵育轨道成为当前一个重要课题。师资的带职创业打通了大学教学、人才培养、企业技术创新及市场产业转化的通道，为大学师资培养提供一个融合人才培养链、产业转化链、市场发展链的综合性运用平台。高校要依托混合所有制改革的平台与资源优势，允许与支持教师整合业界资源和力量，积极从事与所从事专业具有一定关联性的创新创业活动，加速推动产业转化与知识变现，带动技术与知识循环速率与质量。高校在条件成熟的情况下，可以专设"社会服务型""创新创业型"师资类型，对其在岗创业进行清晰界定，明确要求高校教师在岗带职从事个体商业经营活动的同时，要把其积累的经营经验、对先进技术的捕捉与转化能力、对行业发展前景的预判等有效反哺到高校人才培养模式改革、产学研一体化的深入中，建立在岗带职创业在校服务目录清单，涵盖教学改革、课程建设、产业转化、社会实践等各个方面，赋予在岗带职创业有效服务师资质量提升、服务高校办学水平提升的鲜明价值指向，打通创业与育人之间的逻辑关联，使个体行为、经营行为有效纳入办学整体水平与人才培养质量提升的视域，成为师资能力提升的重要载体与手段，进而带来育人与办学整体水平的提升。

（四）混改后双师队伍建设风险防控

混改后双师队伍建设的风险主要体现在三个方面。第一是政治风险。企业有着自身独特的经营价值目标取向，特别是民营企业是非国有经营主体，企业技术从业人员的政治素质与思想意识形态参差不齐，一旦进入高校师资队伍体系后，存在着潜在的价值异化风险。企业和其他社会主体多元文化和价值观念可能会通过各种方式渗透到高校中，原有高校严丝合缝的意识形态防控体系将会遭遇更大的挑战。第二是经济风险。高校教师队伍进入企业从事技术开发及技术转化活动后，经济往来活动将更加普及，学术活动、育人使命、技术开发、市场获益将深度搅和在一起，在这个过程中，一旦处理不当，过度商业主义倾向和简单市场法则的运用也会对高校教师从事"立德树人"的使命带来重大影响与风险；企业短期市场利益兑现与高校长期育人之间的矛盾也在高校师资队伍建设上得到显现，较易造成高校师资队伍的浮躁与利益化倾向。第三是综合风险。混合所有制改革后,产权结构的多元化后必然带来高校治理体系与薪酬体系的改革与完善。新的管理机制必然将对原有运行机制与观念带来巨大冲突,以绩效为导向的竞争性机制引入,收入水平的两极分化等等,原有教师发展"舒适区"的彻底打破将带来师资队伍建设的系列震荡,引发一定的稳定伴生风险,但这正是凤凰涅槃前必须经历的改革过程与改革阵痛。面对以上局面,主要的防控举措有以下四个方面。第一,建立混合所有制改革高职院校刚性意识形态建设标准。坚持以习近平新时代中国特色社会主义思想为指导,以"立德树人"为根本任务,牢牢掌握意识形态建设领导权、主导权是高校发展之魂,也是混合所有制高等职业院校改革发展的基本指南。要建立师资队伍建设的刚性政治标准,不管是高校原有的存量师资,还是合作企业在高校兼任教职的技能型人才,都必须接受规范的政治思想与师德师风教育,严格遵守高校意识形态建设与师德师风相关制度,严格实行师德师风"一票否决制",确保高校的意识形态安排。高校要加强思想引导与教育,根据企业师资的具体情况,采取文化沙龙研讨、集中培训班、谈心谈话等方式,帮助企业兼教师资克服思想惯习与文化不适应,尽快适应高校办学要求。第二,建立具有混合所有制高校特点的校园文化,传播与弘扬社会主义核心价值观,用共同的价值信念和规章制度鼓舞人、激励人和约束人。混合所有制改革带来了新的产权主体,带来了市场化的经营理念和市场法则,但高校是个育人场所,承载着独特的社会责任和文化使命。所有经营主体一旦进入到高等教育育人语境和办学环境中,都必须严格遵循高校育人的基本规律与要求。不忘初心,牢记使命,坚持为党育人,为国育才,办好人民满意的教育。坚持育人为人民服务,为中国共产党治国理政服务,为巩固和发展中国特色社会主义制度服务,为改革开放和社会主义现代化建设服务。要通过文化引导与制度建设,坚决规避过度商业化在高校的传播,维护好高校"绿水青山"的办学生态。第三,建立与完善混合所有制高校师资薪酬制度及治理体系。本着"充分激发师资队伍创造力"的原则,建立具有吸引力、体现竞争性、具备统筹性的师资薪酬制度。"具有吸引力",要体现混合所有制高校基于产业资源资本导入、独特招生收费政策等政策红利集成所形成的独特的优质师资队伍"虹吸效应"。吸引产权合作企业优质技术人员进入高校兼任教职,吸引优秀教育人才与社会各方面加入高校,建设人才高地;"体现竞争性",混合所有制高校要依托于独特的体制优势,建立以绩效考核为杠杆,具有竞争力的师资考核与评价机制,通过制度手段,对能力不强、进取心不足、知识结构与综合素质不能适应新时代、新形势、新机制建设发展需求的师资,予以调整与淘汰,将有限的师资队伍建设空间予以最优化配置;"具备统筹性",混合所有制高校集纳了不同产权主体,其原有薪酬体系性质不一、跨度大,存在较大的磨合成本与难度。在混合所有制高校薪酬体系和治理制度设计中,必须坚持统筹概念,综合平衡原有的高校与企业因素,实现在统一架构与基准下的科学合理设计,有效弥合不同主体的原有落差,避免在制度设计上的"犄角"引发运行过程中的动荡。其基本设计思路是,在统一公平基础上,整体提升基础运行层次,通过竞争性方式体现能级落差,以项目化方式兑现差异化贡献的经营与育人效益,构建既能激发所有群体动力与活动,又充分体现优绩优筹的师资队伍建设机制。

四 高等职业教育混合所有制改革的学科专业建设

专业建设是高等职业院校办学的重要基础。混合所有制改革带来的校企"双资源、双平台、双管道"的介入,对于丰富高等职业院校的专业内涵、优化专业结构、完善专业生态、提升专业竞争力将发挥重要的作用。同时我们提出,高等职业教育学科与专业协同建设概念,在高等职业教育背景下,如何将学科知识体系与专业知识结构有效衔接,在产业介入与转化的驱动下,实现专业建设与学科支撑的更好结合,全面提升高等职业教育办学质量,让新时代的高等职业教育突破原有办学桎梏,走得更实更好。

(一)特色学科专业一体化建设模式探索

高校的学科建设与专业建设在本质上是相互支撑、相互耦合的,存在着广泛的协同关系。学科建设为专业建设提供支撑,专业建设为学科建设提供动力[①]。将最新的学科知识引入课程,依托最新学科知识拓展专业内涵,开辟新兴专业,将学科的最新发展成果纳入人才培养进程中,通过学科与专业、课程的有效联动,扩大学科在高校办学全局中的附着面,强化其驱动引领效应,持续提升人才培养质量,并通过高层次人才培养为科学研究提供源源不断的要素供给与支撑,形成学术创新循环[②]。混合所有制改革背景下高等职业教育的学科专业一体化具有多重重要意义:其一,它有利于强化人才培养的基础地位,学科建设对专业建设支撑作用的凸显,有利于持续提升专业建设及人才培养质量,打破高等职业教育基础性、低层级应用型人才的培养局限,向具有一定层次、较高层级的高素质人才培养转型,构建应用型人才的纵向提升轨道;其二,它有利于持续提升校企合作的紧密度,构建基于互嵌式稳定利益结构的校企合作关系。伴随着产业的转型升级,企业对高层次应用型人才的需求大幅增加。特别是在人工智能快速迭代的背景下,原有的低端技术工人将面临淘汰,高职院校人才培养也面临着同步转型升级的迫切要求,学科体系化知识对人才培养的作用持续凸显。与此同时,高等职业教育混合所有制治理结构形成后,企业的高层次技术、高级产业形态也面临向高校回流的需求,原有的专业为本的发展模式很难再承载新兴技术、高层次知识体系的落地附载要求,亟待通过学科专业一体化来承接改革

---

① 张小芳:《本科院校学科专业一体化建设理路》,《高教发展与评估》2016年第2期。
② 赵渊:《世界一流学科建设的"中国范式":价值建构及实践路径》,《浙江社会科学》2019年第4期。

重任。

混合所有制高等职业教育特色学科专业一体化建设模式主要有四层要义。第一，实现学科专业的融合式发展。学科专业一体化不是既要发展专业，又要发展学科。而是在明确某一发展主导方向的前提下，引导学科专业的融合式、渗透式并线发展。当前，高等职业院校要在明确以专业建设为主的前提下，将学科的知识体系内容渗透到人才培养方案制定、教学模式改革、课程体系创新、教材体系建设、教学实践模式完善、实验室建设、实习基地建设的方方面面，全面提升其建设层级，加速专业内涵的再造，提升专业影响力、辐射力及竞争力，发挥学科对专业建设的强大支撑作用，使混合所有制改革后的高等职业教育能够更好地适应高新技术对高素质人才的需求，实现更好地供需对位。第二，以学科专业一体化为契机，建立与产业迭代深度契合的教学科研实践及产业转化组织。改变原有的教学与科研、产业组织割离，教研室管上课、科研条线管理项目申报、合作处管产业转化和社会合作的分离状况，以学科专业一体化为契机，组建融合高质量教学、高质量对口科学研究、高水准产业转化于一体化的组织形态，使教学面向前沿与应用，科研精准提振教学、联接应用，产业转化驱动教学与科研联动，最大限度激发高等职业教育混合所有制改革红利，提升办学质量。第三，坚持动态适配性原则。把"点面结合"、"分类实施"、"多层次推进"、"供需对位"等作为学科专业一体化建设工作的基本策略，不搞"一刀切"。根据不同的专业特点、师资储备、产业前景等，确定学科专业一体化的具体实施路径。比如对于附载重大创新型产业项目的专业，就要以产业转化的市场驱动为主要动力，根据产业及企业的现实需求，鼓励、引导和带动专业向学科要新理念、新知识、新技术，带动专业建设的提质升级；对于已经形成成熟人才培养方案及运行体系的传统专业，在充分尊重其培养特点与优势的基础上，要善于从学科角度、知识架构体系维度寻求新的增长点。要找准学科专业一体化的良好切入点与结合点，从课程体系建设入手，把学科创新知识与专业应用技能做合理结合，以课堂为重要呈现手段，加速学科与专业的结合；妥善处理学科与专业结合的速率问题，从专业特点及应用面向着手，成熟一个推进一个，以本科和专科共有类专业、校企合作重点建设专业、学校品牌与龙头建设专业作为学科专业一体化建设的重要突破口；第四，发挥学科专业一体化对办学的牵引作用。学科专业一体化架构了高等职业教育全新的知识传播体系与运行格局，成为构建创新型人才培养模式的重要支撑。这种知识治理与运行体系的深度变化对办学治理体系将带来深刻的影响。注重治理的扁平化、按照知识与技能体系习得规律建构管理体制、构建大管理架构等，将深刻影响高等职业教育的办学格局与发展面貌。

（二）学科专业深度契入产业的切入口及实现模式

当前，高等职业教育学科专业深度契入产业主要有两种模式：一是通过培养高素质人才、提供供需对位的优质企业劳动力资源直接服务产业建设，近几年来高等职业教育中的一些"订单式"培养便是这种模式，混合所有制改革后，作为高校产权方之一的企业对于高校定向人力资源供给也抱有一定的期待，定向高素质人才流动成为混合所有制改革利益变现的重要方式之一，传统企业大学在混合所有制改革中也将在职人才培训职能导入到混合所有制高校中；二是为企业产业转型升级提供智力支持与解决方案。通过学科专业一体化提升专业综合实力，贴近企业具体需要，开展重大项目攻关，提供技术解决方案及对策是高校服务企业、推动产学研合作的主要方式，特别是混合所有制改革中，一些企业将其占有产权的高等职业院校视为其内设技术研发基地与创新平台，将原有的研究力量与高校科研创新机构进行系统整合，很好地提升了混合所有制高职院校的科研竞争力，体现了混改的现实成效。在这个过程中，有两个方面需要引起特别注意。一是当前面对新技术浪潮，我国企业整体转型升级加速，5G 技术、人工智能技术、生物技术、量子技术等新兴技术不断引入产业,数字化、信息化、智能化加速推进,新兴产业形态快速崛起,高新技术对产业的拉动作用更加明显。双一流大学成为技术创新与产学研合作的主要力量。高等职业教育具有自身鲜明的办学分层定位,要善于在产学研合作与技术转化中找到自身的独特层次定位,发挥优势和特长,拓展独特空间。并且有效依托混合所有制改革中的企业产权,发挥企业中介作用,与双一流大学构建产学研合作分层协作体,通过双一流大学提升高等职业院校产学研合作能力。二是明确高等职业教育学科专业建设契入产学研合作的主体实现方式。高等职业教育的学科专业建设具有鲜明的应用导向,即它必须服务于人才培养质量的提升,并以人才质量提升提高高职人才对企业人力资源基本面改善的宏观贡献度,通过重要岗位人才供给的精准适配度提供对产业的直接贡献度。高素质人才供给是学科专业深度契入产业发展的主导形式和主流价值实现方式,也是高等职业院校学科专业强化的重要价值基点。

(三)学科专业生态体系建设探索

要构建学科专业生态体系。生态系统的重要功能在于,实现学科专业资源合理定位、充分合理的能量交换、生态环境的精心营造,打造生态系统主体群落和阳光雨露间的高度协同、茁壮成长的体系,对于提升学科专业的可持续发展能力具有重要意义。特别是高等教育混合所有制改革的推进,企业、社会中介组织、行业协会等全新生态位进入到生态系统,人才流、创新流、产业流、资金流等在学科专业生态体系中汇聚,生态系统的角色主体更加多元、内容更加丰富、更加富于活力,对其建设的期待与标准也更高。

混合所有制高等职业院校学科专业生态系统是一个整合性系统与开放性系统。它借助于混合所有制的产权结构,把学校学科专业建设因子与企业因子、产业因子纳入一体化能量循环中,通过学科专业与产业的结合,构筑多元复合的生态群落,通过信息流、资金流等的传导,使学科专业建设更加能适应市场变化而不断优化调适，具有更好的自我整合能力，让原有单一种群的生态系统因为品种多样与交错糅合，更富于内生活力与生长动力。在生态系统中，人才队伍、课程体系、专业平台、实践基地、教学改革成果、学科方向等物质性发展要素与办学文化、专业气质、专业制度及价值规训等形成统一体，学科专业的知识系统生态位与产业的市场生态位在信息传递、能量传递过程中实现优化配对，土壤与群落、阳光雨露间形成正向一体化能量交换体系，不断促进新陈代谢，构建起集群竞争力。

（四）学科专业特色评价模式解析

混合所有制改革背景下的学科专业特色评价模式具有四重核心要义。第一，从单一维度到多种维度，注重考察混合所有制改革背景下特色性权重要素的成长状况。改变原有的简单注重论文发表数量、教学成果奖获奖数目、精品课程开出量等量化指标，注重内在建设质量、发展水平等的考察，比如混合所有制改革下创新性资源配置机制等学科专业建设拉动效应的考察，学科专业内在结构合理性的考察，学科专业成果及动力机制的考察、即基于人才引进的舶来品成果，还是内生系统持续孕育的成果，学科专业与产业转化之间的关联紧密度及实际绩效的考察，学科专业的刚性指标与文化引领、价值规训等软性指标之间的契合度考察等。第二，注重关键点位的微观评价与考察。在混合所有制改革背景下，特别注重对学科、专业、产业转化之前的联接点的考察，关注三者之间的传导机制是否通畅、协作逻辑是否对位、要素流通与整合效应是否形成，职业教育背景下学科对专业的引领与支撑效应是否实现，专业对产业的贡献模式有没有因为学科的介入实现转型升级，混合所有制独特的产权结构对原有闭环运行的学科专业带来的深度影响有没有实现，产权多元对学科专业的激励作用发挥是否充分，产业对学科专业之间的辐射联动作用是否彰显、通道是否顺畅等等。在学科专业及产业转化的微观运行层面考察协作状况及其正向效应的发挥情况。第三，更加注重对办学本体的考察。即将大学生培养状况作为学科专业考察的核心落脚点之一。如果一所高等职业院校，产学研合作情况很好，学校技术转化与盈利模式佳，教师创新创业情况活跃，但学生培养层次与质量不高，学生就业水平不理想，这样的学校仍然很难说是一所高质量的职业技术院校。大学和研究院所的区别在于，它始终是一个育人机构，特别是一所大学如果育人工作没有做好，高层次、高质量科研与技术转化就如同"无源之水无本之木"，最终也不可持续发展。大学生的专业素养与能力结构，就业率与就业质量，就业好评度与未来发展潜力测度，精专能力与通用性开拓能力等的培养状况是学科专业评价的重要指标之一。在这个过程中，我们要注重引入"第三方评价"、甚至是"雇主评价"体系，改变传统的自我评价与评教一体化模式，凸显评价的监测、导向与引领作用。学科专业建设的质量和效益涉及高等教育多元利益主体的多元诉求：政府强调资源管理绩效，高校重视知识发展的内在逻辑，社会强调学生产出标准，学生需要个体发展。学科专业评价除了有"管理者"视角，应该更加重视学生和"雇主"的"消费者"利益，把毕业生收入、毕业生社会适切性、学生完成相关任务的能力、学生与教师接触的机会等要素纳入学科专业评价的指标体系[①]。第四，注重多种评价方法的运用等。廖益教授的《大学学科专业评价》（广东教育出版社出版），以价值哲学、心理学、复杂科学为理论基础，通过对广东省高等学校名牌专业和重点学科评价的深入考察，在充分比较中美学科专业评价的制度、经验、绩效与不足的基础上，对学科专业评价的概念、体系和策略等重要问题进行了系统综合、深入研究和反复思考，提出了学科专业评价四维结构，构建了理论与实践相结合的学科专业综合性评

---

① 杨频萍、汪霞：《"双一流"建设背景下我国学科专业评价创新研究》，《高校教育管理》2018年第6期。

价指标体系。这四维结构分别指的是以目标为中心的学科专业定位评价，以过程为中心的学科专业实施评价，以结果为中心的学科专业效果评价，以情景为中心的学科专业环境评价[①]。这些新的方法为学科专业考察提供了新的路径与思考，同样对于混合所有制背景下高等职业教育学科专业评价具有重要的启示意义。比如以目标为中心的学科专业定位评价，即在于综合评价学科专业的整体性建设绩效与原有政策设计的对比度状况；以过程为中心的学科专业实施评价，即在于在一定语境下、一定截面下考察学科专业一体化运行过程中的某一层次绩效，便于客观反映现实运行状态，这对于混合所有制改革推进过程中具有"试错性"案例的考察有着重要的方法论意义；以结果为中心的学科专业效果评价体现了终端考核取向；以情景为中心的学科专业环境评价在于考察混合所有制改革创新过程中环境、人、平台等要素的匹配性状况等。

（五）学科专业迁延辐射能力培养及实现

学科专业建设是高等职业教育办学的主要活动内容，在办学各个方面有着极强的辐射功能，带动学校整体办学水平的提升。主要体现在以下三个方面。

一是学科专业引领学校治理体系的现代化。高等院校本质上是一个学术体系。学科专业的学术治理特征是高校治理的重要逻辑依据。学科专业的建设模式与运行机制在很大程度上影响着高校整体治理机制的优化与治理水平。特别是在混合所有制改革进程中，学科专业建设与产业转化的逻辑关系构成了学校治理的主体逻辑路线与治理结构。比如尝试教学、科研与产业部门的大部制协同办公等，尝试在行政管理序列中率先破除科层制治理模式，实施行会制、聘任制，强化以项目为中心的负

[①] 李均：《整合与创新：建构高校学科专业评价的新模式——评〈大学学科专业评价〉》，《大学教育科学》2018 年第 5 期。

责人统筹机制，组建跨部门、跨校企协同创新中心等，赋予中心负责人一定的行政权力、经济权力及统合资源调度权等等。本着以最大限度激发"人才培养创新力—科研创作创新力—产业转化竞争力"的路径，建立新型治理结构。

二是学科专业引领高等职业教育定位的变革。本科教育办学科，职业教育办专业已经成为我国高等教育界的通用看法。在混合所有制改革背景下，依托复合产权结构，通过技术与产业转化在纵向层级上的上升驱动，将原有高等职业教育单纯办专业转化升级为学科支撑下的专业提升，更好地适应新时代新技术新产业发展的需求。这对我国传统高等职业教育模式是一个重要创新试验。在这种背景下，从原有的"高职教育—普通本科教育—硕士研究生教育—博士研究生研究"的层次分型，可否有空间衍生出新的分型表达，即纵向层面的技术应用型职业教育人才培养、技能应用型本科人才培养、技能应用型硕士人才培养，实现在不同层级上知识体系与技能体系的融通，探索一线实践动手能力与知识厚度积累相结合的培养模式。这可能成为未来我国高等教育研究的一个重要的创新点。

三是学科专业引领高等教育社会资本介入路径及模式的创新。高等职业教育混合所有制改革实现了产权层面的复合。而这种产权复合，是一种母体治理结构，即在所有权层面为多元治理提供了依据与可能，其最终也要通过学科专业与产业创新的接轨，技能产业化与学术产业化使这种复合治理结构落到实处。我国传统高校在管理及运行中，对社会资源和资本的吸纳、运用能力是一个明显的短板，大都只存在于甲乙方购买服务的简单利益逻辑关系。而混合所有制改革为学科专业与产业关系的重构提供了一个全新的试验田。在注重学科专业发展规律的前提下，真正将学术专业的能力、评价标准放在产业环境、实战背景下进行洗炼、萃取，将资源的赋予与变现导入到学科与专业的成长轨道中去，探索了学术规律与应用规律有效连接的最佳"结合地带"，构筑了基于学术转化的正向发展"驱动轴",经济性通过学术性的传导、经济性功能附载在学术性功能实现上,进而转化为人才培养模式创新的强大动能。这种逻辑路径的建构,改变了高校传统的关门办学、自循环闭环运行的弊端,界定了社会资源和资本最恰切的导入路径,具有了重要的创新意义及价值。

五 高等职业教育混合所有制改革的产学研合作

产学研合作架构起了高校办学与社会服务的桥梁,是高等职业教育混合所有制改革最具直观投射效应的办学领域。高等职业教育混合所有制改革催生了全新的产学研合作模式与机制,引领了产学研合作数量与层次的全新提升。

(一)架构全新产学研合作体系

相对于原有的高等职业教育产学研合作体系,混合所有制下高等职业教育产学研合作实现了四重全新蜕变。第一是从技术知识的单向流动转为双向互动嵌入型合作模式。原有的校企产学研模式大都沿袭企业向高校购买智力成果,或者基于一定的产业诉求及社会使命,为高校提供专业实习或社会实践岗位等,具有较强的政府行政性趋导特点,以校企甲乙方之间的技术知识的单向流动、价值变现为主要运动特征,校企合作缺乏固定化使命与机制的辖制。而混合所有制改革构建了校企双方产权复合型结构,校企双方具有了共同的价值利益诉求及一体化利益结构。原有的以行政驱导为主要动力的单向度合作转变为校企双方互动嵌入型合作模式,高校在向企业精准提供技术智力成果、人力资源要素的同时,也积极接纳作为共同产权所有者的企业对高校的技术回流与反哺,引导高校人才培养模式的创新与办学质量的提升。第二是原有的松散型合作、契约关系合作转向基于产权结构的高度稳定性合作。原有校企产学研合作带有较多的点对点、机遇偏好式合作，或者在一定产学研合作潮流驱动下的运动式合作，比如一些地区和高校仓促共建创新创业产业园等。在经历一定发展阶段后，这种松散型合作逐步转化为简单契约型合作关系，通过一定的契合方式，形成较为稳定的合作关系。但是其始终存在两大不足，一是学校的产学研合作往往作为人才培养、科学研究后的单独附加型功能，有相对独立的职能部门承担该项工作。在很多高校，社会合作、产学研服务处于相对弱势地位，与人才培养、科学研究的协同共振关系没有得到显现；二是校企产学研合作本身是办学附加型工作，有则更好、多则更佳，没有进入到高职院校人才培养模式创新、科学研究创新动力机制层面予以考虑，利益传导的结构还不通畅。而高等职业教育的混合所有制改革让校企合作构建形成了高度稳定的复合型产权结构形式。基于共有产权和利益，校企双方形成了深度融合、互为助力、双向嵌入的校企合作机制，形成了基于共同利益的长效合作模式，高校向企业技术转化与人力资源供给、企业向高校技术支持与反哺成为同一办学主体内部的常态运行结构，支撑着校企合作持续走向深入。第三是从原有的技术入股等低层级合作模式向集群合作、共建孵化器与产业加速器等模式转型。原有的校企限于校企双主体关系间离等因素，其合作模式往往局限在技术入股、购买服务、订单培养等模式。混合所有制共有产权结构的形成，催动着校企合作走向高度集成化的产业集群，校企双方共建孵化器与产业加速器等，极大提升了校企合作层级。比如浙江传媒学院和华策影视集团共同组建浙传华策电影学院，双方各出资5000万元共同成立具有独立法人资格的传策有限公司，托管华策电影学院，实行混合所有制改革。浙传华策电影学院对标国际前沿电影产业发展潮流及高端电影人才培养需求，确立了"高端化、国际化、项目化"人才培养目标，投资6.8亿元建立了国际领先的教学实验设施，创立了产学研高度融合的顶尖电影人才培养模式，并积极开展面向最前沿的产业拓展活动，并与人才培养模式创新实现高度一体化，取得了良好成效。第四是在合作领域和类型上从"同质化"合作、"空心化"合作、"功利化"合作转化为具有独特模式、具备核心竞争力的特色化合作、差异化合作、命运共同体的长期化合作。混合所有制改革下深度共同体产学研合作，形成了具有共同利益驱动的利益匹配型、能力互补型、绩效彰显型合作模式，意在构建具有独特竞争力的差异化合作模式与体系，有效改变了传统的泛在化、同质化、框架性、空心化合作模式的束缚，使校企产学研合作真正做到"有型、有心、有信、有行"，形成了长期合作的共同利益基础。

（二）混改后的产学研合作异化风险及其防控

混改后的产学研合作异化风险主要有以下三个方面。一是教育理想与价值流失的异化风险。产学研深度合作经济利益的直接介入带来了局部放大经济收益权重的直接压力。如何引导非教育产权投资者科学认知教育事业的公益性属性，克服通过教育投资直接获取产权收益冲动成为一大重要挑战。一些教育投资者谋求在产学研合作或教育投资中，意图通过教育盈利和教育收费直接获得投资利益，而对将利润再投入教育百般阻挠，客观上形成了对提升办学治理的重大阻碍。二是国有资产的流失风险。高等职业教育的混合所有制改革形成了共有产权，校企双方协同参与教育事业发展及一些关联产业运作，在产学研合作、产业运作过程中，存在着权力博弈失当带来的国有资产权益受损的现实风险。比如产学研合作中对外投资的失利与亏损，产学研中产业权重对教育利益的挤压，教育权力不当让渡给产业权力等等，都会对教育安全带来消极影响。三是改革震荡带来的人心不稳风险。混合所有制改革带来的两种体制的接驳与碰撞，不同的利益主体、不同的运动方式、不同的价值诉求融合在一起，形成了较大的共同成本与磨合代价。特别在合作过程中，传统收益机制如何面对裂变式改革，新的考核机制、压力传导机制如何被广大师生员工接受，人事关系性质的转变、用工方式的改变如何与师生传统的岗位属性定势相磨合，师生员工产学研合作精力投入与教育教学精力投入权重如何调适，考验着高校的各级管理者。

面对以上问题，其防控举措主要有以下三个方面。

一是在治理结构设计与资源引入的前置环节中就向企业投资者明确，高等职业院校混合所有制改革的主要利益兑现方式通过产学研合作加速企业技术转化而实现经营增值，并不以教育事业收费、教育关联产业性经营活动获利作为利益回报机制。混合所有制高等职业教育的利益兑现以人才培养及其技能转化为中间渠道和中介载体。混合所有制产权投资者投资的是"产业教育"，而不是"教育产业"。这样的价值导向及实践操作要求要通过学校章程的形式予以明确，并在混合所有制改革前期引入战略投资者前就予以明确，并科学设计好制度风险防控机制，避免办学进行过程中的纠纷。

二是针对国有资产流失风险，在混合所有制高等职业教育对外投资中，要明确风险控制边界，避免将产业风险转嫁为教育风险。其主要逻辑理路有两条。第一，混合所有制高等职业院校是独立法人结构，其涉及对外产业投资，其主要价值指向是办学主体办学层次与能级的提升，教育母体竞争力的增强，具有鲜明的教育关联度特征，不单独从事纯产业类投资、风险类投资等，比如共建产业孵化投资机构，其本质上产教融合体，高校以智力成本入股，通过股权合作方的企业市场化运作与市场拉动，加速技术变现的能级与速率，提升孵化投资机构的整体实力，有效反哺教育主体竞争力的提升。高等院校承担的是教育安全边界内产教一体化办学行动，并不以直接主体方式参与市场逐利。第二，参与高等职业教育混合所有制改革的企业主体具有双重职能定位，其一它以固定股权投资方式介入高等教育办学，是高等教育承办主体之一，帮助高等职业院校扩大规模、提升办学质量，提高综合竞争力，帮助高等职业院校更好地为关联企业提供及技术支持与人力资源支撑。同时它又是完全市场竞争主体，参与市场改革发展浪潮，具有鲜明的市场性特征。通过混合所有制的制度桥梁，将产学研合作的市场资源与市场力量导入到高等职业院校办学中。混合所有制的制度设计成为嫁接市场资源的重要平台，与此同时又实现了对市场资源的"教育属性"附载，使其具有了较高安全边界。混合所有制是极好的产教融合激发器，也是良好的教育安全边界防范的"防火墙"。

三是针对改革震荡的人事关系调整。一方面要加强思想引导与疏导，通过各种宣传教育方式，引导师生员工打破原有传统固化思维观念的束缚，走出传统的办学"舒适区"。将鼓励竞争、彰显绩效、质量优先等作为重要的办学取向，成为混合所有制改革背景下激发办学活力、强化办学动力的重要思想基础。另一方面，高等职业教育的混合所有制改革是一项具有重要创新性的工作，在制度设计时，要做好原有体制与新体制的有效衔接，在改革框架内，尽可能减低改革的坡度，特别是产学研合作进程中，对于不对称收益的分配，要充分兼顾到各个方面的心理承受度，既体现激励性、拉大级差，又在一定程度上兼顾面上综合平衡。比如部分收益是否可以尝试为技术创新或产学研合作共同基金等，促进资金再投入、再循环，以技术性优化手段减轻混合所有制改革对传统体制及心理的"落地震荡"。

（三）产学研合作正向联动作用及其发挥

产学研合作正向联动作用发挥主要指三个方面。一是产学研合作对高等职业院校人才培养的深度影响。这一点前文已经做了比较充分阐述。集中表现为企业的创新技术与资源被引导到教学与人才培养全过程，并以产权结合的方式形成固化利益结构关系。二是产学研合作对高等职业院校国际化办学的深度影响。国际化办学是高校提升综合办学实力的主要指标之一。混合所有制改革后，高等院校可以借助企业的对外合作关系，拓展对外合作办学的渠道，提升国际化发展水平。比如浙传华策电影学院在混合所有制改革进程中，将国际化作为办学的重要方向，联合合作企业，借助其国际化发展优势，引入国际化资源提升办学视野，扩大办学路径，让大学生感知与接受国际最前沿的电影艺术教育，极大提升了办学实力及影响力。三是对文化传承的影响。新时期高校校园文化是在社会主义核心价值观指引下兼容并包的文化体系。通过产学研合作的方式，企业文化中的价值精髓可以通过各种方式进入到高校校园文化体系中，丰富高校校园文化内容，夯实校园文化底蕴。2017年，企业家精神第一次写入了政府工作报告。2017年9月25日，中共中央、国务院印发《关于营造企业家健康成长环境弘扬优秀企业家精神更好发挥企业家作用的意见》，这标志着，企业家精神已经成为社会精神的重要组成部分。比如在浙江，浙商是一个有着数千年历史、全球化创业、富于开拓精神与创新创业能力的精英群体，改革开放后，浙江人超越世俗文化和体制的约束，审时度势，敢于担当冒险，抢占先发优势，使得浙商成为海内外影响最大、实力最强的商帮群体，成为推动中国经济发展的重要力量[①]。浙商精神成为高校校园文化建设的独特价值因子，也成为浙江高校混合所有制改革中高校特色校园文化建设的重要内容来源，激励新时代校企合作办学，开创混合所有制改革更好的明天。

六　高等职业教育混合所有制改革的资源配置

高等职业教育混合所有制改革对高校资源优化配置具有重要创新意义。集中体现在三个方面。第一，企业及社会资源借助于复合产权结构，能够更好地导入到高校办学体系中，横跨校企的资源配置体系可以调度更多产业及社会资源，改变与完善办学基本面状况；第二，企业的绩效考核办法及扁平化运行体系对于完善高等职业院校资源配置体系及管理模式具有重要启示意义；第三，混合所有制改革重构了高校管理体

---

① 诸葛隽：《浙江人的企业家精神》，《浙江在线》2018年5月14日。

制与运行机制，复合型产权结构引发的多中心模式等将带来基于权力结构优化的深层管理革命，传统的资源配置理念与模式将得到深层改变，校企一体化的资源配置将带来基于效率的深度治理革命。

（一）新型资源配置架构及其原则

根据高等职业教育混合所有制改革的实际，新型资源配置架构及其原则主要有四个方面。

一是注重市场性，兼具计划性的原则。在混合所有制高等职业院校的资源配置中，要发挥产权复合、市场激励的优势，坚持以市场性为主，本着供需对位、模式优选、注重效率的原则，将有限的办学资源放到最需要的地方，提高单位资源的产出效益，构建要素需求—要素供给—要素使用—事业发展的联动关系轴，使原有的较多地按照传承惯性的资源配置方式转化为竞争性、差异化，以效率为导向配置资源。同时本着高等教育办学的独特需要与特性，在资源配置中，对于一些竞争性环节关注不到的领域，需要特殊政策保护、培育与孵化的领域，比如办学中人才培养、基础性科学研究等环节，要给予适当的政策照顾与支持。

二是凸显高校主体性，兼顾政府职能发挥与市场调节的原则。高校是办学主体，遵循高等教育事业发展规律。其治理结构和资源配置体系要实现教育目标与价值、社会目标及市场需求的融合。在其资源配置体系设计中，要凸显高校主体性，严格按照高等院校立德树人、以人才培养为本的要求，科学设计资源配置与使用的标准、策略与路径。同时高等职业教育的混合所有制改革又涉及政府对于高校收费标准、招生专业、师资属性、社会保障模式的配套改革。特别是市场化收费模式的确立，直接影响到高校资源配置的底盘基数、可调度体量、投放重点等的精准考量，需要充分兼顾和执行好政府的政策意图及执行要求，将政府政策空间与红利优势放到最大。同时要充分兼顾市场调节作用的发挥，将市场资源通过混合所有制体制引入高校资源配置系统,并采取适合高校特点的绩效考核方式,改变传统的资源封闭内循环、自考核模式。

三是注重统筹性,同时兼顾局部先行先试的原则。高等职业教育混合所有制改革是一项系统工程,涉及产权结构、治理体系、人才培养模式、产学研合作机制、社会服务体系、资源配置体系等的系统变革,各要素之间还存在着密切关联性。从资源配置体系建设而言,配置主体的多样化、不同资源要素在同一轨道内的导入、不同资源间质特性在教育话语体系内的磨合等等都涉及复杂的调适过程,必须坚持统筹设计与规划的要求,统筹布局资源配置的主要方式、原则、规避要求及其实施路径。同时鉴于混合所有制改革的试验性、复杂性,可以尝试在资源配置的某一个局部领域,开展新体制、新机制、新模式的先行先试,为改革积累先行经验。比如实验室资源,可否借助混合所有制机制,与企业共建高水平实验室,迅速扩大实验室建设规模和能级。同时通过购买服务与社会合作体现反哺等多种方式给予投资者适当的使用回报,并形成良性循环,提高实验室综合运行绩效。

四是凸显岗位管理与项目驱动,兼顾传统行政身份及管理层级的原则。高等职业教育混合所有制改革是一种全新的体制机制。在资源配置过程中,要凸显岗位管理与项目两大驱动要素。以岗位职能作为资源配置的主要依据之一,根据岗位性质、岗位职能、岗位任务来决定资源配置的体量、方式,资源运用及其考核的主要手段等,打破原来以身份和部门作为主要资源配置载体的做法,打破固有的条线权力结构形成的简单僵化的资源层级配置方式。其二要以项目作为资源驱动的重要方式之一。在建构基础层面的公平性资源配置的基础上,建立重大项目资源配置驱动机制,比如人才培养、产学研合作、国际交流等方面的重大项目,给予特殊的资源倾斜配置政策,形成以大项目、重点攻关突破口等重大工作为驱动和杠杆的差别化资源配置导向。与此同时,在改革进程中,我们要兼顾作为传统办学体系既有管理理念、层级与模式的过渡效应,本着改革速度、功能、质量、节奏、效益与师生员工接受度高度适切的原则,合理确定改革节奏与速率,稳健推进改革,在保持改革高度运转的同时,确保基本面的稳定,实现改革利益的最大化。

(二)新型资源配置的路径创新及效能提升

为了充分发挥混合所有制改革的制度红利,新型资源配置架构按照统筹平衡预算管理调度、强化二级管理自主、注重边际收益和边际成本掌控等原则来设计,构建横跨校企、二级管理为主的创新路径。

关于统筹平衡预算管理调度部分,主要有三层要义。第一,混合所有制的高校治理架构要建立全口径资源配置概念,要克服在部分试点过程中出现的"高校归高校、企业归企业,各用各的""互相不融合、指挥不动"的两张皮现象,甚至是混合股权的构成双方互不同意,导致经费使用难、调度难等问题的出现。要强化顶层设计,明确权力赋予及实施原则,根据学校事业发展需求,覆盖校企资源,建立全口径资源要素配置库,明确学校决策机构对经费的统一调度及预算使用权,从管理体系与管理层级上首先解决"一张报表"难题。第二,混合所有制的高校治理架构要建立规范的预算概念,强化预算刚性,按照预算口径统一调度资源,严格按照科学预算统筹分配资源,有效规避在校企合作进程中人为博弈与越界行为产生,弱化因为产权复合导致在办学过程中沟通成本过高的问题,以预算的科学切口确保经费使用主体合理性。第三,涵盖校企资源的学校资源统筹调度机制。在解决全口径纳入的基础上,解决"一个口子集中调度"问题。学校所有办学资源,涵盖高校自身投入及企业投入等各项资源,由学校决策机构集中统一调度,根据学校事业发展需要统筹调度,合理确定人才培养、科学研究、社会服务、国际交流、产学研合作等条线经费的使用额度及标准。学校决策严格按照章程,规范执行决策机制,一旦通过程序形成的决策意见,即具备决策刚性,确保办学政令畅通。

关于强化二级管理部门。二级管理是当前我国高等教育管理与运行的基本模式。在混合所有制改革背景下，要更加注重发挥二级管理的主体作用，充分赋予其在职责范围内的权利、强化义务担当，充分激发其办学活力与潜力。学校主要负责意识形态与思想政治引领、办学目标设计、发展战略拟制、混合所有制改革治理结构及权责边界厘定、干部队伍建设与管理、重大对外合作事项推动、对二级办学主体工作业绩考核及监督等职能，主要承担顶层治理架构、发展模式及运行体系等宏观管理职能，管全局、谋大事、抓关键。二级学院是办学主体，特别是高校的二级学院设置是以知识体系的分类为主要依据，可以精准对应产业链的相关技术工种与细分环节，以相对独立主体参与产业链细分，探索人才培养、科学研究与社会合作高度一体化、特色化的办学模式，寻求独特的产学研合作路径，并由此对二级学院的治理结构、管理模式及运行机制等进行创新性探索，实现知识创新体系、技术转化与应用体系、产学研合作体系等的深度结合，以二级学院特色办学模式打造特色竞争力。

关于注重边际收益与边界成本控制问题。注重对边际成本与边际收益的控制，对于实现需求与供给的有效平衡，寻找最优的成本分担机制，实现效率与公平的兼备具有重要意义。特别是在混合所有制改革的背景下，注重边际收益与边界成本控制，可以在制度层面有效减少多种产权、不同体制磨合中的沟通成本，并根据不同的学科特性、专业面向、产学研合作机制寻求更具适配性、差异化的成本测算及使用机制，加速实现供需对位，寻求在复合产权背景下最具效率、具备最佳路径的合作机制与模式，克服在不同产权结构融合过程中的要素忽略与浪费、成本倒挂、效率缺失、信息不对称等问题。

（三）新型资源配置的风险防控举措

新型资源配置的风险防控主要指三方面。

第一方面，资源配置的片面极化效用。在改革进程中，速率及节奏把握不当，片面强调市场化配置的核心功能，对政策性调节与基础性统筹配置关注不当，引发改革的震荡。比如在工资体系改革中，忽视对不同年龄结构、知识层次、发展诉求教师的适应能力，片面采取"新老人"一个办法，冻结编制的市场化配置手段，极有可能带来部分人群对原有身份结构高度情感依恋的"不适应症"和快速改革中的"话语地位边缘化"等，必须依据不同人群的差异化状况，分类予以处理及应对。也有一些高校在改革中，将混合所有制改革简单理解产学研合作的深化，或者办学体量规模的简单扩大，仍然沿袭传统的办学体制机制，特别是关系人财物具体利益的资源配置环节，"老方一贴、依样画符"，破坏了广大师生员工对改革的期待，破坏了改革的动力、后劲与成效。所有在混合所有制改革资源配置过程中，要科学调适市场作用与既有行政体系的管理，实现双向手段恰切作用，实现创新机制引领下的稳健型发展，凝聚改革共识、彰显改革红利、形成"最大公约数"。

第二方面，政府改革主导力的迟滞反应及边界失当。高等职业教育混合所有制改革是一项重大突破，也是顶层设计的改革。政府是主导、高校是主体。改革的推进，有待于政府部门在管理体制、收费、招生、考核评价等相关方面突破原有政策体系的束缚。在实践过程中，往往也是需要政府教育主管部门牵头协同发改、财政、物价、税收、人力资源与社会保障等多部门协同办公，逐一突破管理中的各项细化壁垒，才能取得政策上的创新空间，为混合所有制改革打开发展空间。特别是在改革实施进程中，面临原来在政策设计上没有预估到的情况，改革中出现的文化融合、多主体博弈非政策性问题，原有政策设计在实践中很难适用的问题等等，都需要政府相关职能部门及时在政策安排与政策引导口径上做出安排与调整。而一旦这个过程节奏与程序相对复杂的话，则可能在改革过程中产生迟滞与扩散效应，影响改革的信心与成效。而政府如果在微观管理环节上干预过多，也会影响办学改革主体性的合理发挥。为了有效防控以上风险，在政府指导与干预上，应确立"宏观、及时、恰切"三大原则，"宏观"是指政府主要承担宏观政策配置的职能，在宏观政策导向下，给予学校自主依政策处理的空间；"及时"是指政府有关职能部门要第一时间回应处理高校混合所有制改革进程中出现的政策口径缺失或政策不适性问题，及时予以解决，避免矛盾与问题扩大，确保改革的顺利进行；要确保政策赋予精准服务改革发展的需求，彰显政策配置的问题意识、需求意识和导向意识，让"管用的政策""对位的政策"真正助推改革落地和发展。

第三方面，校企融合制度围栏不健全引发的廉政穿透风险。资源配置体系后面是人财物重大利益的再分配，特别是混合所有制改革引入了企业资本，其可调度、可支配的资源体系更加庞大。其间项目资金的合理使用机制、产学研转化过程中的资产流失边界防控、商业资本向教育资本转化过程中的性质转换、产权回报机制中涉及的利益输送、校企双重身份资源调度过程中的资本外溢等等，这一系列新问题都考验着高等院校管理者们。与此同时，这些问题在既往的发展中都没有遭遇过，没有先例可循，又存在一定的复杂性，有的时候还需要突破一些传统的管理思维及其模式。一旦处理不当，将引发国有资产流失等重大问题，或给职务经济犯罪留下空间。对其进行合理规制与界定，不仅是保护混合所有制改革发展土壤，确保改革顺利进行的需要，也是切实维护改革中"先锋人物"和"试错个体"利益的现实需要，是混合所有制改革的重要安全"保护阀"。

七　高等职业教育混合所有制改革的文化传承创新

高校校园文化是一个内含多种要素的有机整体，大体上由四个部分组成，包括物质文化、精神文化、制度文化与行为文化。四个组成部分具有不同的功能，在校园文化建设中所起到的作用不尽相同，却都以各自的方式对校园整体产生着重要影响①。混合所有制改革进程中的高等职业院校,其校园文化建设更加凸显了重要性。一方面,新体制、新形式、新机遇要求校园文化更好地发挥作用,激情励志、统一思想、凝聚共识、形成合力,用文化的力量、思想的力量、价值的力量弥合分歧,汇聚将改革引向深入的合力。与此同时,相对于传统校园文化建设的单一源流,如何将企业精神及文化、行业精神及文化、社会精神及文化与高校办学历史、传统文化精髓紧密结合起来,构建新的校园文化体系,考验着新形势下的高校管理者。

(一)贯通校企的新文化精神打造

混合所有制高等职业院校校园文化建设的基本特点就是将原有的闭环校园文化体系转化为融合企业精神、产业精神、行业精神、社会精神的开放式多元文化体系,文化内容更加丰富、文化体系更加复杂、文化底蕴更加深厚、文化辐射力更强、文化相融性的要求更加高。其内涵打造围绕着以下精神主旨。

第一,以社会主义核心价值观为引领,用习近平新时代中国特色社会主义思想武装广大师生头脑,牢固树立"四个意识",坚定"四个自信",做到"两个维护"。坚持和巩固马克思主义在意识形态领域的指导地位,旗帜鲜明守好意识形态主阵地,筑牢办学的思想之基。社会主义核心价值观是全体社会成员价值认同上的"最大公约数",是包括校园文化在内的一切社会主义文化的最终价值归宿,为校园文化建设提供正确的发展方向和价值准则②。高校办学要始终以社会主义核心价值观为引领,坚持正确的价值方向,结合高等职业教育混合所有制改革连通教育、

---

① 王红、范若冰:《马克思主义整体性视域下高校校园文化建设路径探析》,《高教探索》2019年第7期。

② 侯典举、陈捷:《高校校园文化建设的价值取向与着力点研究》,《学校党建与思想教育》2018年第9期。

企业、产业、行业、社会及家庭等的优势，发挥多样化在载体与平台的作用，展示多样化素材的思想政治教育功能，通过文化沙龙、文化下乡、文化走心、文化展示等形式，开展丰富多彩的思想政治教育活动，使社会主义核心价值观日常化、具体化、形象化、生活化，让广大师生员工在教学实践、产业实践和生活实践中感知它、理解它、领悟它、实践它，内化为强大的精神追求，外化为实际，成为促进高等职业教育混合所有制改革、加速高等职业院校发展的重要精神力量，全面提升扎根中国大地，坚定办好中国特色社会主义高校的政治自信、文化自信。千万不能因为混合所有制改革，弱化党的领导和价值引领，要走出一条在党的领导下通过高等职业教育混合所有制改革汇聚各方办学力量、增强精神凝聚、全面提升高等职业院校办学质量的跨越式发展道路。

第二，发挥混合所有制改革多样化思想政治教育主体的优势。在高等职业教育混合所有制改革中，高校要把自身思想政治工作优势与企业思想政治工作优势紧密结合，把新中国成立70年来我国高等教育事业波澜壮阔的发展历程与国民经济、社会发展取得的巨大成就紧密结合起来，与改革开放以来民营经济迅速发展，国有企业改革持续深入，综合国力显著增强、中国特色社会主义建设取得巨大成就等发展状况紧密结合起来，用翻天覆地的变化、用身边的感人事实激励师生。让师生充分感知长期以来高等教育办学过程中积累的深厚校园文化精神内涵，深刻理解企业在创新创业过程中积累起来的宝贵精神财富，使之成为混合所有制改革高校校园文化建设的独特优势。比如浙江是我国改革开放的先行地。20世纪80年代，浙江抓住劳动密集型产业向发展中国家转移的机遇，浙江着力发展轻纺产品对外贸易，确立了浙江贸易大省的地位。20世纪90年代，抓住国际产业结构调整和转移的机遇，加大吸引外商直接投资的力度。入世后，浙江以"八八战略"为指引，"跳出浙江发展浙江"，在继续推动外贸、外资发展的同时，坚定实施"走出去"战略，有效拓展了经济发展空间。近年来，浙江更主动对接"一带一路"，积极融入长江经济带、推进自贸试验区建设，开放发展更加主动有为[①]，创造了"浙江样本"与"浙江经验"。这些是在浙高校校园文化精神的重要内容，也直接熔铸在浙江企业精神锻造之中。混合所有制改革高校就要利用自身的独特优势，把校园文化精神、企业精神、地域精神与时代精神融汇在一起，发挥好特色思想政治与校园文化资源的优势，打造思想政治教育与校园文化建设新高地，用生活化的体验、发自内心的感受让习近平新时代中国特色社会主义思想入耳入脑入心。

第三，传承好高校特有的办学精神与文化传统。高校是文化综合体，高等教育承担着文化传承的重要功能。高等职业院校在长期办学过程中，积累形成了重要的办学精神、办学思想、办学理念等，形成了具有不同高校鲜明特色的文化积淀，并且萃取成办学特色与办学核心竞争力，是高校办学的鲜明标识与独特优势。在高等职业教育混合所有制改革中，要传承与发扬好高校长期以来形成的好的办学精神、办学理念与办学传统，比如艰苦的创业史，扎根区域、融入行业的主动服务意识，精细化培养人才的工匠精神，注重实践的应用型取向，德智体美劳全面发展中的劳动教育新期待等，特别是紧贴时代、反应灵敏、快速应变的办学策略等等。要根据每个学校的办学历史、办学传统、办学特点、办学目标等，积累与传承好宝贵的办学文化精神。注重在混合所有制改革背景下，将新的文化内容、文化要素、文化精神与传统文化优势融会贯通，激励高校创业者不断进取、奋发有为，开辟办学新局面。

（二）探索多样化的校园文化建设路径

第一，注重将从上到下的传统建设路径转化为上下结合的多层次建设与发展模式。高校传统文化建设大都采用由上到下的发展模式，即由

[①]《改革开放40年间，浙江是怎样一步步成为开放发展高地的？》，《浙江省政府网》2018年9月13日。

学校决策主体确定校园文化建设的重点、方向与目标，学校各级予以贯彻落实，师生员工全员参与，形成了鲜明的线性结构。新时期特别是伴随着混合所有制改革的全面推进，校园文化建设的主体更加多样化，因为产权结构的关联，企业、行业、社会组织等新文化建设主体以全新的面貌和身份意识参与高校校园文化建设，深度校企合作引发的教育场景和就业场景及其利益关联的系统性变化，联动激发起家庭、社会、学生主体等的文化参与意识。不同主体在文化建设上的横向联动，架构起了扁平化、复合型、多样化的文化建设模式，来自一线、沉浸在校园、企业、社会中的各种文化探索与实践极大丰富了校园文化建设的内涵、模式与路径。传统的由上及下转变为上下结合，合纵连横，直接催生出高校校园文化建设由线性向网状的蝶变，带来了全新的文化建设效应。

第二，由同质化校园文化向特色化校园文化转型。由同质化校园文化向特色化校园转型，探索与形成具有不同高校鲜明特色的校园文化建设内容及建设路径是校园建设的整体发展趋势。而混合所有制改革则有效加速了这一路径。特色校园文化依托于独特的制度体系、办学主体的价值与思想传承、办学实践及运行模式、办学物化场所的价值提炼等等，而混合所有制改革与以上因素密切相关。通过混合所有制改革引发的文化创新将成为高等职业院校办学的重要助推力。特色化校园文化建设有以下三个方面的逻辑点。一是办学的服务面向所彰显的企业精神与行业精神，产权结构的融合所建构的校企一体化，企业精神也成为校园精神的重要组成部分，并且与人才培养模式相融合，具备了不可复制的重要文化基因。二是基于办学传统与办学特色的文化价值精神传承。高校长期办学沉淀了丰富的精神文化养分，大都体现在校训、校标、校歌等之中，也彰显在优势教师代表和杰出校友中，这些都是新时代高校校园文化精神的重要内容来源。要把长期以来积淀的办学文化精髓传承好、发展好，并与新的文化价值内容体系充分融合，构筑既具有历史传承性，又具有新时代新的创新文化因子的新校园文化体系。三是特殊区位和外在发展条件对特色校园文化的加持。高校所在的办学区域等对校园文化建设也发挥着特殊重要的作用。比如浙江嘉兴是我国革命红船的启航地，"红船精神"深深引领和浸染着嘉兴及其邻近地区的高校校园文化建设，将"红船精神"纳入校园文化精神的主要内容，开展丰富多彩的红船主题活动，将"红船精神"植入师生思想深处，构筑起校园文化建设的独特价值优势。浙江义乌是我国小商品市场及小商品经济的重要发源地，长期以来，义乌凭借着勤、刚、商、信、容、图强的品质，以"鸡毛换糖"建设，把一个"一穷二白"的小县城建设成为闻名于世的小商品交易中心，进而成为国际贸易中心，其地域血液里流淌着独特的用于开拓的重商主义精神，深深浸染着这块土地和这块土地上的高校，也成为高校校园文化核心竞争力的重要来源。比如义乌工商职业技术学院结合区域经济发展和义乌市场办学，形成了鲜明文化特点与办学特色，提炼了"尚德崇文，创业立身"的校训，成为浙江省优质高职院校、首批省创业型大学建设试点院校，跻身全国高等职业院校育人成效50强、服务贡献50强、国际影响力50强，荣登全国创新创业典型经验高校50强，获评全国高校实践育人创新创业基地、全国高校跨境电商人才培养示范校等。

第三，用项目牵引向场域文化育人转型。传统的高校校园文化建设较多采用主题式、项目化建设方式，结合重大主题庆典活动及固定化节日，每年组织主题文化建设活动等。当前混合所有制改革引发多主体在高校校园文化建设中深度介入，互联网技术发展构筑了"万物互联"的全媒体环境，微信、微博、短视频等极大改变了媒介形态、传播模式及人际交往模式，重塑了媒介发展格局。在场传播、线上线下立体交互、实时通联全球课堂成为可能。高校校园文化建设也转型为无时不在、各要素充分融合、注重文化深层浸染与熏陶的场域文化建构，物质文化与精神文化在共同场域中加速融合，企业文化与校园文化成为新兴文化场域中的重要内容。场域把校园文化主体的价值理念覆盖到每一个受众，构筑了全员育人的文化环境。

第四，由大学生客体参与型向主体建构型转型。传统的高校校园文化建设建立了严格的层级落实机制，大学生大都以教育对象的客体身份参与校园文化的各项建设活动，落实学校的各项要求。在新时代，要牢固树立大学生的主体参与意识，创新高校校园文化建设的模式。按照学校党委的统一部署，充分发挥师生主体能动性，贴近师生精神文化需求，围绕师生认知习惯、接受习惯、文化爱好、学习生活关注焦点等，创设新型校园文化建设载体与模式，比如师生自编自创红色微讲台、组织编排校园经典文化系列微剧、拍摄红色微视频、举办红色文化体验活动。通过举办各种各样主体性创意实践活动，带动其主动思考、身心浸染、切实体验，形成思想自觉，真正让校园文化建设起到滋养心灵、化风成俗的功能。

（三）发挥校园文化对办学的多元作用

要发挥好高校校园文化建设对办学的四重作用。一是引领作用。校园文化是高校办学目标、理想和信念的精神外化体现，引领着高校师生员工沿着正确的办学方向与目标共同努力，确保全校师生员工"力往一处使，劲往一处用"，在正确的办学轨道上奋勇前进；二是激励作用。通过高校校园文化建设，用共同理想与信念激励全校师生员工艰苦创业、奋发有为，激发办学潜能与活力，特别是混合所有制下各类办学主体，凝聚共同事业发展梦想，消除合作进程中的情感隔膜，全面推进混合所有制改革进程与高等职业教育办学；三是规制作用，文化传递着潜在规制力量，当师生员工的行为违反事业的方向或突破发展的边界时，潜在的文化规制力量就会发生作用，形成价值约束。要充分发挥校园文化的规制、约束作用，和刚性制度一起，为提升办学治理成效、提高办学质量有效服务；四是育人作用。校园文化是大学育人的重要平台，要发挥文化育人"润物无声"的作用，打造文化载体育人、文化平台育人、文化环境育人、文化制度育人、文化活动育人、文化课程育人、文化节日育人、文化项目育人等多种育人平台和形式组成的育人共同体，真正将协同育人落到实处，实现全员育人、全过程育人、全方位育人，全面提升高等职业院校育人质量与办学水平。

第九章

高等职业教育混合所有制改革的配套政策体系建设

高等职业教育混合所有制改革的主体是高等职业院校,在某种程度上说,它是一种政策受体。即承担国家相关职能部门对高等职业教育混合所有制改革的政策落地及实践工作。从本质上讲,高等职业教育混合所有制改革的顺利实施,有赖于国家相关职能系统化、科学化的政策内容设计,涵盖改革顶层设计、重大原则及实施边界、技术性细节界定等各相关方面,有着理论性与实践性兼备的特点。

一 国家宏观政策的具体支持

高等职业教育混合所有制改革宏观层面的政策配套设计主要涵盖五个方面。

第一,混合所有制改革主体的确定及其政策依据。在 2019 年 1 月国务院印发的《国家职业教育改革实施方案》中再一次确认了要推动企业和社会力量举办高质量职业教育。支持和规范社会力量兴办职业教育培训,鼓励发展股份制、混合所有制等职业院校和各类职业培训机构的要求。但是在实践操作层面,还亟待政府部门出台具体的执行细则或指导性意见,进一步明确高等职业教育的改革边界。比如对混合所有制高等职业院校的产权结构比例的指导性意见,国家倡导的主体合作模式及并购类型是什么,公办高职院校、民办高职院校如何在改革中科学归位、正确定位,非公资本参与公办高等职业院校改建的刚性边界是什么,公办资本参股民办高职院校的基本导向是什么，民办高校能收购控股公办高校吗，民营企业能否控股公办高等职业院校，要出台高等职业教育混合所有制改革"红色清单"禁止事项，明确改革边界及风险规避机制等。

　　第二，混合所有制改革的权力驱动结构设计。根据当前我国高等教育管理体制，高等职业院校办学由省级部门统筹。同时根据混合所有制改革层级属性的界定，一般经由省级人民政府审批同意。基于此，高等职业教育混合所有制改革设计及推动的权力结构主体是省级人民政府，由省级教育主管部门牵头实施，改革涉及发改部门、财政部门、人力资源与社会保障部门、办学所在地地方政府等。参与改革的高等职业院校是改革主体，在上级各有关部门的指导下，根据上级有关职能部门确定的改革主要框架、主体意图、主要事项及相关边界等，由高校根据自身专业特点等，物色与遴选相关的企业合作主体，组织起草具体的改革实施方案，探索合作机制与模式等。在企业合作主体大致确定后，就要将参股民营企业作为重要政策设计主体参与改革实施方案的编制工作，将混合所有制改革的主要教育目标与诉求、参股民营企业的主要动机及诉求、双方价值利益结合点及共同实现机制、可接受的合作条件与模式选择、关联风险的防控等要素纳入一体化考虑，科学设计改革方案。在这个过程中，要高度重视学校与企业利益的兼顾与统筹，在现有改革政策框架及主体动机下，谋求校企最大的利益结合方式与实现机制，将校企利益的博弈及关联边界、相关风险充分考虑与化解在制度设计中，科学设置制度安全风险屏障，避免为日后利益关系纠缠与合作矛盾。在这个过程中，可以尝试引入参股企业所在的行业主管部门与行业协会等共同参与方案论证，在更大视角和战略层次审视校企合作的未来发展愿景及潜力等，更加周全地疏导校企合作的复杂利益关系结构等，抓住主流与关键，带来改革全局的顺利实施。在改革方案基本编制完成后，提交省级教育主管部门及相关政府职能部门进行讨论研究，对涉及原有政策边界的突破、重大政策权限的赋予、重要权责关系的确认等方面，提出政策性审核意见,在确认后形成政策方案的定稿。由省级政府教育主管部门和相关政府职能部门联合行文向省级人民政府报批,经由省政府常务会议研究同意后实施。在有前置改革先例的情况下,也可经由省政府常务会议授权分管副省长签批同意后实施。基于我国高等教育管理体制及政府授权状况,省级政府相关职能部门是高等职业教育混合所有制改革的权力主体,其不仅掌握重大政策原则边界、是否同意等重大核心决策命题,同时也决定着改革节奏、速率、合作对象甄选等微观磨合等问题。其改革推动意图及决心,协调机制顺畅与否直接关系到改革的成败,是需要特殊协调与关注的环节。

第三,混合所有制产权结构下高校新治理结构的确认。

混合所有制改革背景下高等职业院校的治理结构是治理体系建设的核心要素。混合所有制改革的核心是产权结构及其治理结构的优化,而最终落脚点就是通过治理结构的优化提升高职院校的育人水平和办学质量。混合所有制的重点不在于混合,而在于混合后的治理结构[1]。高校治理结构问题,既是高校自我管理架构与体系内的问题,同时也涉及高校与政府关系,政府赋权授权等相关问题。关于混合所有制高等职业院校的治理结构,学术界进行了较多研究。比如赵东明提出混合所有制职教集团是基于产权融合的实体法人,它的运行和发展等均为法人行为,需要遵循经济领域相关规律。那么从经济学的角度出发,一个组织的内部治理结构是指为保障本组织的正常运行和长远发展,其本身所具有的一套完整的组织管理体系。因此混合所有制职教集团的内部治理结构构建可以参考经济学相关理论和方法,借鉴现已非常成熟的现代企业法人的治理体系和治理结构,如设置决策机构、执行机构和监督机构[2]。张建

---

[1] 董圣足:《教育领域探索"混合所有制":内涵、样态及策略》,《教育发展研究》2016年第3期。

[2] 赵东明:《混合所有制型职业教育集团及治理体系构建研究》,《高等职业教育(天津职业大学学报)》2016年第6期。

军、刘兆琪、王晓秒认为混合所有制职教集团决策机构是股东大会，它是由所有参与投资本集团的主体(股东)组成的集团最高权利机构。股东大会要授权设立董事会，董事会是由股东大会选举产生的代表全体股东利益的集团常设权力机构，定期组织会议，代表股东处理集团各项事务并进行决策。股东大会和董事会构成混合所有制职教集团的决策机构，它相当于集团的中枢和大脑。同时决策机构还应该包括信息收集机构、信息分析机构、专业顾问机构等咨询顾问机构，这样能够帮助中枢和大脑做出有效的判断，形成正确的决策[①]。胡亚学、周常青则认为混合所有制办学机构是对混合所有制院校、实习实训基地、技术工艺研究中心等多种形式混合所有制教育机构的统称。它具有产权结构多元化、办学诉求多极化、运行模式市场化、隶属关系模糊化等特点，要对其进行科学高效的治理，应当充分发挥内外部两大类治理主体的作用，坚持合法性、合目的性、协商性、系统性和质量导向原则，建立多方协调的服务与监管体系、多元参与的内部治理结构、权责一致质量优先的制度体系、机构与社区联动发展机制和基于良性循环的资本与成果积累机制[②]。牛彦飞、郭会灿认为，推进高职院校治理体系的现代化，是高职院校根据现代职业教育体系建设进入当前阶段的客观要求作出的重大改革。推进高职院校治理的现代化，其有效路径就是进行决策的民主化改革。要保证决策的科学性和民主性，就需要广泛征求各办学主体以及专家的意见和建议，协调与平衡各办学主体的利益诉求，将混合所有制办学的利益相关者纳入高职院校治理体系，让参与办学的行业企业以及教师、学生等都在院校治理中发挥其应有作用。同时成立理事会，以理事会为核心，通过一系列诸如专家委员会、党政联席会、教职工或学生代表大会

[①] 张建军、刘兆琪、王晓秒：《混合所有制职业教育集团内部治理结构及其完善途径》，《工业技术与职业教育》2019年第2期。

[②] 胡亚学、周常青：《职业教育混合所有制办学机构的治理机制探析》，《黄冈职业技术学院学报》2018年第6期。

等重要会议，让各利益主体履行其知情权与参与权，最终实现决策在诸多利益主体之间的平衡，为决策的执行以及高职院校的科学治理打下坚实的基础①。在这其中，王俊杰的观点得到了很多学者的认同，也得到笔者的认同。它是厘清当前高等职业教育混合所有制治理结构的代表性作品。他认为，在国有资本对高职院校相对或绝对控股的情况下，混合所有制高职院校治理结构的改革就不应该是当前很多研究成果中所倡导的以市场化为导向的类公司制的董事会治理模式。而是在现有党委领导下的院长负责制基础上的治理完善，这既与公办高职院校混合所有制改革后的股权结构相匹配，也是当前最具操作性与现实性的改革模式②。这种治理结构的核心要义有三点。一是党委领导下的院长负责制依然是混合所有制高职院校治理的主要结构。国有资本是混合所有制高职院校的控股大股东，决定着混合所有制高校的社会主义办学方向。混合所有制高等职业院校应该被核定为事业法人，原有的财政拨款机制不变，原有教师身份不变，依法享受国家生均拨款及各类专项补贴。党委是学校事业的领导核心与政治核心，履行高校立德树人的办学使命，制定学校发展战略、决定干部培养与选任、决定学校重大办学事项等，支持校长依法行使行政管理权限。学校党委书记、院长以及按照股权协议由国家选派的学校副职领导等依法由上级组织部门选配，享受相应的行政职级③。二是合理界定国有控股混合所有制高职院校的董事会职能。混合所有制高校按照出资比例组建董事会，非公企业代表按照股份份额确定董事会参加人数。党委与董事会实现交叉任职、双向进入。学校党委成员通过法定程序进入董事会，董事会中的党员可以依照有关规定进入党委，董

---

① 牛彦飞、郭会灿：《混合所有制办学背景下高职院校治理结构研究》，《石家庄职业技术学院学报》2018年第5期。
② 王俊杰：《高等职业教育混合所有制改革的基本定位及其实践路径》，《中国高教研究》2017年第6期。
③ 同上。

事会中非党员可以按比例依法进入学校行政领导班子。但由非公企业主体派出的党委委员和行政班子成员不享受相应的行政职级。通过党组织班子成员与董事会成员两种组织结构的交叉进入和有机融合，实行国有大股东领导和非公企业主体表达权的合理化设置。在日常工作中，董事会应该更加偏重于社会合作、技术转化、产学研协调等方面的工作。三是公办高职院校混合治理结构的改革红利在于将产教融合贯穿到办学育人的全过程[①]。从以上的混合所有制高职院校的基本治理结构来看，政府和混改后的高职院校关系呈现四重特点。第一重特点，政府与其他高等职业院校的关系张力模式依然适用混改后的高职院校，政府对高职院校的办学方向、办学目标、办学经费、招生政策、运行绩效及其考核等承担重要使命，高校办学接受政府主管部门的领导，在现有政校关系权力架构内运行。第二重特点，企业产权以独特方式嵌入现有治理结构，形成融合式一体化的权力运动模式。企业出资方根据其股权比例确定领导职数进入学校领导班子集体，按照实际情况及班子分工，承担某一条线的分管职能，纳入高校既有治理结构，按照"民主集中制"和"院长负责制"的原则，合理体现企业产权的利益及话语影响力，在商得一致的情况下推进重大工作，在院长领导下，决定权限范围内的分管工作。本着实现学校事业发展利益最大化的原则，发挥代表产权方之一的资源优势和个体素质优势，成为增强现有机制决策绩效、撬动治理能力现代化水平提升的重要动量之一。在这个过程中，特别强调在现有权力框架下行使其职权，一体化融入现有权力结构及治理模式，在现行机制内开展活动。而不是构建学校和企业出资方双线权力结构，减少制度性交易成本，有效规避不同利益方的复杂博弈关系，发挥混合所有制改革的正向治理效能。第三重特点，凸显深度产学研合作在治理结构中的特殊功

[①] 王俊杰：《高等职业教育混合所有制改革的基本定位及其实践路径》，《中国高教研究》2017年第6期。

能。高等职业教育的最大制度性功效是通过产学研合作的深化全面提升人才培养质量与办学水平。产权结构的复合为产学研合作的创新提供了重要体制基础，这种深度产学研合作贯穿在治理结构与治理体系建设的全过程，构筑起混合所有制高校的独特治理优势。比如对于基于实战的人才培养模式的全新创新，校地企一体化的资源配置模式、产学研合作向人才培养与社会合作的深度双向嵌入及共振效应的形成等方方面面，贯穿到所有治理内容与治理环节的始终，将高等职业教育的最大化优势予以持续彰显。第四重特点，绩效观在全治理过程中的彰显。高等职业教育混合所有制改革中复合产权模式的引入，带来了企业新的治理观、治理要素、治理体系及新治理能力，虽然它们是在企业特殊治理环境及经营绩效考核体系下的产物，但其中很多治理要素对于高等教育治理体系的完善具有重要启示意义。特别是高等职业院校，人才培养与技术转化、产学研合作、产业转型升级、社会服务及社会贡献等实现了深度链入，绩效治理理念与方式在产学研合作及人才培养环节中的应用，将有助于打破原有的自我评价、封闭运行、惯性发展、匀速运动等带来的弊端，通过绩效趋导，引发整体运行架构、效率及模式的深度变革，以新的"管理革命"带动"培养革命"，实现办学水平与质量的提升。

第四，校企合作的充分授权及安全边界设置。

高等职业教育混合所有制改革的基本着力点在于通过产权结构的复合，使产学研合作制度化、深层化，最终形成价值和利益共同体，全面提升人才培养质量。校企深度合作是混合所有制改革的重要发力点，合作形式越丰富、合作程度越深入、合作领域越全面、合作对象越精准、合作方向越前沿，合作的潜力就越大，成效就越明显。通常来讲，校企合作的自主权在学校，学校对校企合作的项目把关与选择、合作模式精选、风险防控等具有充分选择权。但高等职业教育混合所有制改革背景下，校企合作是复合型产权结构的多元呈现，涉及校企治理模式的优化及其在产权层面国有资产流失风险的防范，由此被提为政府教育主管部门的重点关注与监察事项。在实际操作过程中，教育主管部门还是要秉持"充分授权、底线防控与制度规制"的原则，在确保安全底线与边界的基础上，比如明确"确保国有资产不流失、确保教育投入与教育使用的大方向、明确没有技术越界及产业纠纷"的前提下，对混合所有制改革背景下的校企合作充分授权，允许其根据高质量人才培养需要、产业技术转化及技术反哺、重大技术突破引领行业发展潮流等需要，自主进行风险测评与综合判断，自主决定产学研合作的重大事项，自主承担发展的重大责任与压力，自主通过蝶变式技术产业的复合型转化实现"弯道超车"，以高质量的产学研一体化、高能级的技术产业——人才培养之间的转化通道，实现高等职业院校办学的能力跃迁。

二 微观政策的障碍破解及其有效接驳

高等职业教育混合所有制改革微观政策障碍主要体现在以下四个方面。

第一，招生指标、学费标准及薪酬体系等关键领域的政策赋权。

招生指标、学费标准的提高是显性红利机制，直接关系着校企双方推进混合所有制改革的动力。同时，混合所有制改革实施后，企业资本的进入、办学投入的增加，人才培养模式的大幅创新，办学竞争力的显著提升都需要通过招生指标的适度倾斜和差异化学费标准的体现，来持续放大改革的成效，促进改革不断走向深入。从已有的完成混合所有制改革的案例来看，大都在招生指标上给予了适度倾斜，采用市场化学费成本测算机制及收费模式，很好地形成了从办学成本投入—学费合理匹配—办学再投入的良性运动循环机制，激活了内生发展动力，有助于实现改革的初衷。这就要求省级政府层面的教育主管部门、财政物价部门本着招生与就业市场对位的原则，对混合所有制高等职业院校的招生规模给予适当倾斜，在学费政策上给予更大的自主权限，允许高校根据办学成本合理设定学费水平，自主承担相关压力与风险，向政府有关财政部门备案即可。政府要允许混合所有制高职院校设立更加灵活、充分体现绩效原则的市场化薪酬体系，突破原有的公办高等职业院校绩效总额度天花板设置局限，允许根据实际办学水平与办学绩效实行市场化激励机制与薪酬体系，体现质量、功能、结构与效益的综合平衡。比如浙江传媒学院华策电影学院的薪酬体系，在经过上级职能部门批复后，实行"双向接轨制"运行机制，原有的事业身份人员，冻结原有编制、身份及薪酬模式，保留其事业身份等，按照混合所有制改革后兑现新的薪酬体制。新引进人员按照新的薪酬体系予以兑现，原则上不再涉及其身份性质问题。这样做的好处实现了薪酬体系与编制身份的脱钩，更能通过新的绩效体系激励师生员工干事创业的激情。在实际操作过程中，各相关高校有根据实际情况继续葆有事业身份，并同时实行市场化新的薪酬体制的，也有完全走市场化管理与薪酬体制的。"适合自己的才是最合理最优秀的"，不同高等职业院校根据不同区域经济文化发展水平、产业结构特点及发展水平、高校自身办学实际、改革者的决心与魄力等综合决定改革路径及实施方式等，充分体现了因地制宜性，但政府在薪酬体系及绩效总额上的放权是改革的大前提，是高等职业教育混合所有制改革走向深度的重要政策要件。

第二，师生比等考核标准的属地化认定。

混合所有制高等职业院校在体制机制层面打通了学校与企业的界限，大量的企业高级专业人才被引入到高校教育教学体系中，承担专业课程教学、重大科研项目主持、产学研合作牵头、社会实践协作等工作，高等职业院校的专业教师也纷纷到企业专业技术岗位从事一线技术开发、重大技术转化及技术运用等工作，在实战环境中更好地历练专业技能。校企双方互聘师资，师资队伍建设呈现出校企高度一体化、互相融入的特点。按照教育主管部门对高校基本办学水平的考核评价标准，高校师资队伍是指组织人事关系必须落地在高校，以高校属性身份缴纳社保的个体，否则就不能计入高校在职师资的统计报表，直接影响教育主管部门对高校办学基本水平的评价，影响到教育部门竞争性办学项目经费经验投入，各类示范性院校评估。从更长远讲，师生比甚至是职业技术院校升格为本科层次办学的基本条件，直接关系高校办学的核心利益。如果不能有效破解涉及高校核心利益的办学统计口径及评价指标上的束缚，将直接影响高等职业院校投身混合所有制改革的积极性。对此教育主管部门也处于两难的境地中，一方面简单放开高等职业教育相关指标的统计口径，较易造成制度空当，引发高等职业院校片面拉抬双师指标获取不正当竞争优势，造成教育领域内新的评价失衡问题等，形成新的办学不公。而如果简单秉持原有评价标准，也极易引发高等职业院校深入推进混合所有制改革的动力衰减问题。当前，比较合适的方式是，彻底破解原来"以人定岗、人头固化"的考核弊端，对于双师双聘型临时师资，将实际工作投入时数作为师资测算的重要标准，根据实际情况给予一定的系数综合平衡，全面客观真实反映在岗双师型教师实际投入教育教学情况。既充分考虑到混合所有制改革背景下办学结构的内在深层变化要求，又兼顾面上群体的基本平衡基准要求，体现评价的动态引导与杠杆驱动效应。

第三，基于师生创业的更大政策激励空间。

高等职业教育混合所有制改革打通了校企深度合作的制度性障碍。高校师生创新性技术转化，依托专业在岗在职创业有了更大的产业基础和市场空间。特别是很多企业，都设有新技术孵化园与创新创业空间，成为校企技术转化与运用的重要平台，加速催动着大学师生创新创业进程。而高校师生的创新创业成为连接人才培养、技术转化与应用、社会实践、产业转型升级的重要桥梁与纽带，是高等职业教育办学中的重要新兴增长点，也是高等职业教育混合所有制改革的重要红利优势。当前在高等职业教育的混合所有制改革实践中，创新创业的长板效应并没有得到充分显现，传统的大学师生创新创业机制依然呈现出鲜明的二元分离特色，一是师生创新创业与专业关系不紧密，大学师生的专业创业属性不明显，很多时候创新创业成为游离于现有办学体系之外的自发性、额外性、跨界性活动，没有体现专业关联度与专业贡献度；二是师生创新创业的稳定性欠佳与大学办学稳定性之间的疏离。高校办学具有稳定性，和社会化创业相比，依托于高校办学特色、办学内容的创新创业活动本来具有特殊的稳定性。而当前高校师生的众多创业活动稳定性欠佳，创业成长性、成活率与综合运行绩效不好，其根本原因和刚才所述的第一点存在较大关联性，即创新创业活动与高校体系的结合度不够，体制与平台优势还没有充分释放，特别是混合所有制改革联通行业与企业的创新优势没有充分显现。这里面有高校自身政策资源没有充分开放的问题，比如对于在一定期限内离岗创业的保留身份与基本工资待遇的政策兑现问题，有对结合学科专业的在岗创业的政策激励与空间营造问题，对学校刚性的制度开发与配置问题，有软性的文化氛围营造问题。同时不可否认，上位政策层面的跟进不足、界定不清或激励不够也是制约师生创新创业的重要问题，特别是对混合所有制改革背景下师生创新创业潜力激发不够，在某种程度上闲置了优质创新创业资源。今后需要在三个方面予以重点突破。其一，对于师生开展与学科专业密切相关，推进行业与产业重大创新转化的创新创业活动，纳入学校整体办学评价中。在学校办学绩效考核中，在相关条款方面给予加权体现或列重大突出贡献机动条目，激励师生开展专业创新创业活动。其二，教育主管部门在高校创新创业专项扶持和奖励中，对专业创业给予适度的倾斜，引导国家和社会创业资源向专业创业集聚，更好地凸显优势，强化创业特色，彰显核心竞争力。其三，将混合所有制高职院校师生专业创业活动所获得的技术转化与推广收益等与混合所有制改革背景下的薪酬体制设计、岗位考核制度设计等紧密结合起来。让与岗位实践、教学科研紧密结合的创业活动，特别是调动在职资源进行的创业活动及成果更好地得到认可与保护，在薪酬制度设计上为差异化利益兑现提供空间。在条件成熟的情况下，允许教师以创业成绩、创业贡献折抵部分教学或科研考核量，更好地体现"术业有专攻"，并以更好的专业化技能、特殊才能撬动面上人才培养和产学研合作进程，实现最大效益。

第四，教学水平评估等方面的系列化、针对性举措等。

当前我国对于高等教育办学质量评估仍然遵循一整套规范化、统一性评价标准，着重考察高等院校在办学共性指标、可比性层面等的质量状况，形成办学质量的级差化评价体系，激励高校更好地提升办学质量。这在实践过程中，对于引领高等院校聚焦内涵建设，更好地提升办学质量，发挥了重要作用。但面对高等职业教育混合所有制改革的新情况、新环境、新问题，原有的评价体系存在较为明显的适配性问题，亟待在评价口径、内容等方面进行优化与完善，更好地体现分层考核、分层评价、分层激励的导向。比如专任教师中具有硕士、博士学位的比例，要更多地考虑到应用型师资、双聘师资队伍的实际情况；主讲教师资格，教授、副教授上课情况怎么更加合理地体现校企共享师资等；各主要环节的教学质量标准，如何应对开放性校企实践环节的标准制定，教学质量监控，如何应对产学研合作教学中的质量监控，校企如何协作；学生的创新精神和实践能力，原有的考察维度在混合所有制改革背景下有没有新的内涵迭代；毕业论文或毕业设计，选题性质、难度、质量等的综合把握，如何应对动手实践技术转化类的选题等。这些都必须在混合所有制改革的背景下进行新的思考与设计，使其更好地符合当前高等教育改革与发展实际。而这种改革，基本思路是开放性、多样性与适配性。开放性就是变原有的闭环系统为开放系统，实行内外共融、校企合作，纳入共同评价视域、作为共同评价主体；多样性就是把原有统一规范的评价范式调整完善为根据不同种类、不同状况的多样化评价体系，真正贴合主体实际，更好地激发主体创新活力；适配性即是指任何考核评价体系的设计，都要与快速变化发展的宏观环境与微观细节高度适配，体现指导思想与技术细节的有效接驳，才能使用实践与评价对位。这是下一步在政府相关职能部门对高等教育细化评价中亟待完善的方面。

三 基于可持续发展的政策愿景架构

高等职业教育混合所有制改革是一种全新的尝试，为我国高等职业教育改革的深入和教育体系完善提供了重要通道。在我国高等教育管理与运行体制下，改革的持续深入有赖于可持续发展的政策愿景架构，主要指以下四个方面。

一是给予高等职业院校自主选择推进混合所有制改革的权力。允许高等职业院校根据办学传统与办学特色、产业面向、产学研合作水平及市场竞争力状况，自主选择是否推进混合所有制改革。在确保国有资本保值增值、践行立德树人根本教育任务、坚持正确办学价值导向的前提下，着眼于最大限度激发教育创新力、教育要素优化流动率、教育改革执行力等原则，围绕提升人才培养质量与水平的根本目标，自主选择是否推进混合所有制改革、以怎样的方式与优化模式推进混合所有制改革，自主编制改革方案，承担改革落实工作，报政府相关教育主管部门审核备案后即可实施。政府教育主管部门审核主要围绕教育资本安全性、教育导向的正确性等进行，是否符合国家对于高等职业教育混合所有制改革的整体导向及发展要求等。在确保以上事项没有问题的情况下，以备案方式同意施行。关于改革方案中的决策机制及治理结构是否合理、是否有效达成改革目标，由作为改革主体的高校与企业方根据改革要求自行商得一致，并不断调适优化。根据改革后的招生情况、实际运行绩效、家长及社会认可度、教育目标达成情况等，由改革高校自主决策是否继续实行改革，企业是否股权转让或退出等，报教育主管部门备案即可。在改革全过程中，教育主管部门承担高度的宏观调控职能，以前置政策性审查、政策红线约束作为主要政策执行手段，原则上不干预高校的微观改革行为。由改革高校自主决定改革进程、合作几方关系磨合、改革落地及评价任务等，根据改革进程及效果、市场反应等自主决定下一步改革行为，充分激发改革主体的主动性与积极性，释放改革潜力与活力。当然，在这个过程中，政府还承担改革重大突发事件的临机干预任务。当改革进程中出现违背改革目标与底线，存在影响教育质量及教育公平的明显问题，存在引发社会争议的重大隐患问题时，政府相关职能部门可以果断叫停改革，并对关联涉事主体及主要负责人给予惩戒举措。确保整体改革进程的顺利与稳定。

二是给予参与改革的高等职业院校自主设计薪酬体制机制等的权利。

人事用工制度和薪酬体制机制是激发师生员工创造力的重要制度基础。从今后的改革整体方向与路径上来看。高等职业院校的混合所有制改革要规避"双轨制"运行带来的磨合成本及治理不稳定因素。进入改革主体的高等职业院校教职员工，全部执行混合所有制改革背景下的新薪酬体制，根据新兴办学模式及综合运行情况，本着学校办学经费大盘及可用空间，按照绩效优先、人岗匹配、岗绩结合的原则，自主合理确定薪酬体制机制，鼓励高等院校根据业绩级差，合理拉开收入差异。高等教育主管部门对于高校薪资总额不再进行封顶规制，允许试点高校根据自身运行水平及可持续发展状况，合理测算人头经费占比。试点高校内部结合自身特点，自主建立职务晋升及职称晋升机制，不同职级、职务享受不同薪酬待遇。关于事业编制身份是改革的一个重大难点。由于中国几千年来文化发展传承的影响，编制被认为是阶层地位与福利保障稳固性的基本标志，也是当前很多人向往到高等院校就职的重要原因，这也是公办高等院校与民办高等院校的重要差异化竞争优势所在。简单祛除"编制"概念，很有可能对高校吸引高层次人才带来束缚。在高等职业教育混合所有制改革进程中，还是要在一定程度上继续保留"编制"概念，对于通过合理、正规渠道与录用手续进入到混合所有制高等职业院校办学体系的教职员工，可以让其继续享有"编制"身份。鉴于高等职业教育混合所有制改革的特殊性，紧密结合市场带来的教育教学体系的创新型变革，师资队伍规模及师生比配置可能会面临新的变化，建议政府有关部门不再对混合所有制高等职业院校的教师数量上限提出封顶要求，由其根据办学需要自主调控。当然在实际操作过程中，我们建议编制身份和薪酬体系做适当分离。编制作为基于单位属性的一种"身份认同"，薪酬体现的是实际贡献度差异，彰显优绩优酬的原则。在改革推进中，一些混合所有制改革高校实施编制"冻结"政策，其本质上和"编制"赋予是同类性质的问题。比如浙江传媒学院华策电影学院在混合所有制改革进程中，对原有事业身份属性的教师实施"编制冻结"，当日后选择脱离改革试验主体或退休享受社保时，其原有身份可以予以激活和兑现。在这个过程中，一些优质师资仍然可以通过国家正规招考程序，进入到编制体系内，享有"编制冻结"的政策待遇，仍然有效保持了政策面上的平衡，有助于混合所有制改革的顺利推进。当前，国家正在推行事业单位改革，作为公益二类的高等院校，未来会取消事业编制，但保留事业单位的性质，未来高校和公立医院将实行全员合同聘用制。作为大面上改革方向的确立，规避了微观领域的差别化改革待遇导致的不平衡问题与阻力问题，不会影响到高等职业教育混合所有制改革的推进。相反，全员合同聘任消减了高等职业教育混合所有制改革局部先行先试的压力，彻底打破了身份束缚，给改革提供了一个空间广阔的环境，便于混合所有制高等职业院校真正建立以岗位绩效为导向的用工体制，从根本上激发员工的创新动力与活力。

第三，给予作为改革主体的高等职业院校更多自主选择教育教学模式的权力。当前高等院校具有自主设计课程体系及课程模块、创新课堂教育创新模式、改革实践教学体系、完善学生评价体系等，组织开展一系列人才培养目标及培养模式改革等系列权限与职能。政府相关职能部门一般不再直接干预高校具体办学活动。但政府往往通过专项考核、专题建设及综合办学评价等对高校办学施加微观影响，在实际办学过程中，不同类型高校、不同学科专业特色高校、不同发展水平高校存在着较为明显的"千篇一例"类同化办学模式，对高等教育改革与发展带来一定束缚作用，在某种程度上也束缚了混合所有制改革的空间。在政府职能部门今后的政策配置中，可以尝试设立"政策特区"，不再对混合所有制高等职业院校的微观办学行为进行干预，也不简单把其纳入普通教学质量评价环节。允许改革高校根据自我发展定位及诉求开展系统化改革创新活动，自行进行改革中期评价与政策调适优化，自主探索与决定改革的内容与节奏，自主开展各项改革试验等，允许其根据办学综合状况自主把握改革试错空间等，赋予其教育教学及办学模式创新实践权、全过程的教学教育改革及办学行为调控权等。政府一般通过大学生毕业质量监控及调研等宏观方式来评价其教学模式改革创新成效，进而评价高等职业教育混合所有制改革成效。其基本的评价指标维度有毕业生就业率、就业结构层次与质量、毕业生对母校教育教学满意度、毕业生就业与专业适配性等方面的内容。鉴于混合所有制改革样本的特殊性，对于其考核应该与其他类型高等职业院校建立对比参照系，以便更加客观全面生动评价高等职业教育混合所有制改革对人才培养质量提升及办学水平提升的带动效应。同时专业研制和设计基于产业转化与产业贡献率的相关指标，更好地考核其通过深度产学研结合有效反哺行业与产业的能力及水平。

第四，给予作为改革主体的高等职业院校更多地政策先行先试权，鼓励师生员工以知识产权入股的方式参与企业经营与产业创新。当前，我国对高校从事经营性产业活动的政策方向呈现出收紧态势。《国务院办公厅关于高等学校所属企业体制改革的指导意见》明确指出，高等学校所属企业体制改革，要坚持国有资产管理体制改革方向，尊重教育规律和市场经济规律，对高校所属企业进行全面清理规范，理清产权和责任关系，分类实施改革工作，促进高校集中精力办学、实现内涵式发展。意见明确提出了高校与其办企业进行脱钩的要求。与此同时，国务院对高校科研人员参与技术创新，获得相应产权等提出了系统化激励举措。2018年12月5日，国务院总理李克强主持召开国务院常务会议，决定再推广一批促进创新的改革举措，更大激发创新创造活力。其中包括强化科技成果转化激励。允许转制院所和事业单位管理人员、科研人员以"技术股＋现金股"形式持有股权。引入技术经理人全程参与成果转化。鼓励高校、科研院所以订单等方式参与企业技术攻关；开拓中小科技企业融资渠道。推动政府股权基金投向种子期、初创期科技企业。创业创新团队可约定按投资本金和同期商业贷款利息，回购政府投资基金所持股权；推动国有科研设备以市场化方式运营实现共享，建立创新决策容错机制。同时，将在个别区域试点的3项改革推广到8个先行先试区域，包括赋予科研人员一定比例职务科技成果所有权、区域性股权市场设置科技创新专板、地方高校自主开展人才引进和职称评审。由高校办企业转化为鼓励高校教职员工以知识产权方式入股企业，助推技术转化与产业升级，这种政策转向极大契合了混合所有制高等职业院校构建产学研深度协作体的发展趋势与要求，为师生员工以知识产权成果链入产业转型升级进程提供了重要的体制机制基础。当前在配套政策尚不成熟、试行试点经验仍很缺乏的背景下，给予混合所有制高等职业院校先行先试的权利，在"技术股＋现金股"如何配比结合、股东权利如何体现、运行方式如何科学建构、高校教师身份与股东身份如何兼容、技术经理人的职责边界如何界定、国有科研设备以市场化方式运营共享与企业科研设备如何进入高校教育体系等问题上开展全面探索，积累一批先行经验，以高等职业教育混合所有制改革的体制机制优势，为高校更好地参与企业技术创新和转化、为国家创新体系建设作出更大的贡献，更好地发挥与体现"改革试验田"的作用。

第十章

高等职业教育混合所有制改革的未来期待

高等职业教育混合所有制改革的未来期待是一个复杂问题，它的方向、路径及未来可实现的目标取决于四个方面的共同作用。其一是我国高等教育体制改革的状况及其对高等教育混合所有制改革的整体决心及张力结构设计，高等教育持续深化改革的决心与力度如何，重点突破的方向如何，对既往改革成效的评价如何，直接决定着高等职业教育混合所有制改革的空间；其二是国家对混合所有制改革的顶层设计及混合所有制改革的整体推进状况。国有企业混合所有制改革的成功经验如何在更广阔社会层面传导、不同介质改革主体的差异性如何弥合、混合所有制改革的通用属性及运行规律如何更好地理解和发掘等，决定着在现有高等职业教育混合所有制改革基础上，高等职业教育混合所有制改革能不能形成更加广泛的社会认同，可以吸收与借鉴更多的改革经验，进而探寻和明确改革有没有更加优化的道路；其三是我国产业结构的深度调整及优化状况。需求端的结构状况及市场容量直接决定改革的动力问题，当前我国产业转型升级持续加速，产业发展正处于快速迭代进程中，当前及今后一个历史时期的产业层次、产业结构及产业布局状况，直接决定着对高等职业教育人才的需求层次、结构、规模及质量，直接激励着高等职业院校通过改革大幅提升自身人才培养质量及办学水平，混合所有制的介入空间及改革视野会更加宽广，内在驱动力会更加强大。与此同时，科学技术的快速发展也会直接或间接对高等职业教育改革与发展带来影响，生物医药、数字技术、人工智能等的发展加速新旧行业门类及技术工种的更替，直接决定职业教育发展的基本形态，进而形成对改革的重大驱动；其四，国家对高等职业教育发展的基本定位及政策演变。国家政策对高等职业教育混合所有制改革具有直接决定作用。党的十九大报告指出，"坚定实施科教兴国战略、人才强国战略""完善职业教育和培训体系，深化产教融合、校企合作。"混合所有制改革是基于产权结合的深度产教融合。党的十九大报告的战略部署直接为高等职业教育混合所有制改革提供了重大战略契机与通道。国家的相关政策是驱动高等职业教育混合所有制改革的直接动因，相关政策的推动、条件储备及土壤营造，积蓄了混合所有制改革的动能。

一 高等职业教育混合所有制改革的未来发展模式与路径探析

高等职业教育混合所有制改革未来可能有五种发展态势。

第一，助推建立独特的应用型高等教育体系。它将带来四重重大改变。一是在生源结构上，普通高中毕业生、中等职业院校毕业生和广大企业在职员工将共同构成高等职业院校的主要生源，国民教育序列学生与企业职后培训学生有望纳入一体化课程教学体系与人才培养体系，实现生源体系上的有效融合，并通过生源个体结构与素质的有效融合与互动，助推构建面向实战的复合型生源体系。高等职业院校未来将探索建立与企业大学混合型发展模式。当前很多大型企业建设有自己的企业大学、继续教育中心或职业技能培训中心。高等职业教育混合所有制改革后，企业成为高等院校的产权方之一。原有的企业内训模式、内训资源及内训板块有望全部整合进国民教育序列高等院校。二是在人才培养模式上，原有的简单"工学结合""产教融合"模式有望进一步被丰富内涵，从一种教育特色转化为职业教育的基本规律，从"方法论"角度上升为职业教育的"理念"，贯穿到人才培养、科学研究、社会服务和文化传承的始终，在这种培养模式中，工与学的无缝对接及应用将辐射到方方面面，形成一系列更加丰富的多样化成果。三是教育功能指向上，在强化高等院校人才培养基本功能的前提下，更好地放大产学研合作、深度产教融合、社会服务的功能，全面介入技术转化，特别是新型实用技术、高新技术的市场转化及应用上，面向未来的前瞻性技术运用植入上，做强"应用技术研究集群"概念，并且将新技术运用第一时间纳入到人才培养体系中，形成人才培养与技术转化、社会服务之间的深入嵌入型、互补融合型双轮驱动模式。四是在教育体系建构上，当前已经有本科层次的高等职业教育试验院校。今后在应用型层面，可以探索硕士层次研究生教育办学的可能性，构建从中等职业教育、高等职业教育到更高层次的职业教育办学体系，形成了我国高等职业教育的独特门类与体系，全面提升我国某一类别的人力资源素质，推动改变与优化我国人力资源结构的基本面，更好地适应制造业强国的建设需要，为决胜全面建成小康社会，实现"两个一百年"目标提供更加强大的人力资源支撑。

第二，形成新型教育板块。当前我国高等教育主要分为公办高等教育与民办高等教育两大板块。根据教育部2018年全国教育事业发展情况统计显示，全国共有高等学校2940所。其中，普通高等学校2663所（含独立学院265所），普通本科院校1245所，高职（专科）院校1418所，成人高校277所，全国共有研究生培养机构815个。全国普通本专科招生790.99万人，比上年增加29.50万人，增长3.9%；成人本专科招生273.31万人，比上年增加55.78万人，增长25.6%，增长幅度较大。其中民办高校750所（含独立学院265所，成人高校1所），比上年增加3所。普通本专科招生183.94万人，比上年增加8.57万人，增长4.9%；在校生649.60万人，比上年增加21.14万人，增长3.4%，占全国普通本专科在校生总数的22.9%，比上年略增0.1个百分点。硕士研究生招生735人，在学1490人。公办高等教育与民办高等教育构成了我国两大主要教育板块，而民办高等院校板块体量相对较小，整体发展水平与竞争力和公办高等院校还存在较大差距。这里面存在着国情及高等教育事业发展的历史必然性。我国是一个社会主义国家，公有制为主体、多种所有制经济共同发展是我国的基本经济制度，是中国特色社会主义制度的重要支柱，也是社会主义市场经济体制的根基。新中国成立后，我国一直执行的是国家兴办高等教育的制度，这与我国的基本经济制度与基本国情相匹配。同时，高等院校是智力密集体，是社会主义价值观的主要宣传传播载体，是创新思想与技术的孕育与传播体，坚持以公有制为主体，有助于让高等院校坚持正确的办学方向，牢牢掌握意识形态领导权与话语权，守牢意识形态主阵地，树牢办学思想之基。改革开放以后，我国民办高等教育得到长足发展。在党的领导下，民办高等教育坚持党的教育方针，坚持正确的办学方向，结合自己实际与特长，走出了一条创新型发展道路，成为我国高等教育事业的重要组成部分。但是当前我国高等教育事业发展中公办高等教育与民办高等教育的板块还不平衡，板块结构还比较单一，两者的办学活力、动力、潜力与创造力还没有有效发挥。打造我国高等教育板块结构中的第三板块——混合所有制板块在新的历史时期就有特殊的必要性。它可以充分发挥公办高等教育办学资源及师资力量相对雄厚、办学体系相对健全、办学结构相对完善、管理运行及考核监督相对规范、社会支撑与供给体系相对完备等优势，通过企业资本的介入，形成复合型产权结构，带动企业管理资源、产业资源等深度链入高校办学体系，构建产学研一体化合作模式。以此为杠杆，盘活与优化公办高等院校的传统办学优势，为国有办学主体赋能，同时又为民营资本介入开放通道，发挥1+1大于2的功效，以公办加民办的迭代效应，催化形成裂变功能，培育我国高等教育的新兴生长点，构筑我国高等教育的新兴板块。混合所有制高等教育板块与我国的基本国情相符，汇聚了公办高等教育的传统优势和民营资本的独特优势，具有重大潜力。同时高等职业院校又具有鲜明的实用性、技能型导向，具有鲜明的工学一体办学特色，是公办高等院校与民营资本结合的最佳载体。未来可以期待，以公办高等职业院校混合所有制改革试点为基础，并在可能的情况下逐步向新建本科院校，特别是行业特色性院校铺开，将会构筑形成我国高等教育板块结构中独特的混合所有制板块。同时，这种板块雏形与体系的建立，又将为混合所有制高等教育的开展提供更好的体制环境与发展氛围，实现我国高等职业教育的跨越式发展。

第三，探索优质混合所有制高等教育资源群上市的可能性。早在2015年，我国就掀起了教育行业上市的热潮。一系列政策改革利好，数万亿的市场空间，使得A股上市公司纷纷各显神通布局教育行业，或者依托原有主业进行拓展，或者依托股东背景优势强势进入，或者从原有主业抽离坚定转型，或者拓展第二主业两翼齐飞，纷纷涉足教育行业，代表企业有全通教育、新南洋、华图教育、分豆教育、立思辰、华博教育等。其代表性特点是融合教育、互联网、大数据、云计算等诸多元素于一身的互联网教育方兴未艾，依托AI、AR/VR、语音智能、图像识别等高科技技术的在线教育公司风生水起，职业教育培训板块成为发展的重点。纵观我国现有的教育类上市公司，大都为民营资本，且专业从事职业教育、在职教育等的细分市场的培育等，高等职业教育板块上市成为亟待开发的"蓝海"。特别是混合所有制高等职业院校，一方面其拥有优质国有资产做基底，同时又兼具有民营资本。未来中国的优质混合所有制高等院校，在条件成熟的情况下完全可以培育为上市企业，利用市场资源及优势，迅速培育市场化混合所有制高等职业院校"旗舰集团"，打造成我国高等职业教育发展龙头。这里面，有以下几条路径可以探索。其一，未来在保证学校办学政治方向与政治安全的前提下，可以尝试由企业资本控股混合所有制高等职业院校，进而为其上市提供重要条件；其二，混合所有制高等职业院校尝试建立企业化、社会化公司，将优质职业教育资源及产学研协同教育资源注入公司，通过上司实现上市，但在当前需要突破相关政策瓶颈障碍；其三，混合所有制高等职业院校的部分优质资源可以尝试注入产权企业，通过企业上市通道麋集市场资本等。面对这一新生事物，需要通过扩大视野、拓宽思路，以改革主体发展摸索与政策同步优化调适相结合等方式，协同推进改革进程，打造我国高等职业教育优质资源市场化的"试验田"，探索形成新的增长点。

第四，构筑高等教育国际化办学新高地。长期以来，我国都是"出口留学大国"，留学规模增长较快，出国留学人数从 2010 年的 28.47 万人增长至 2018 年的 66.21 万人，复合增速为 11.1%①。大量优质教育资本流向国外。与此同时，国外来华留学也快速发展，2018 年共有来自 196 个国家和地区的 49.2 万名留学生在国内 1004 所高校和科研机构学习②。海外来华留学生呈现出"一高一低"现象，"一高"是指海外学生来华留学集中在我国的双一流高校或省属重点院校，其他层次高等院校、特别是高等职业院校较少。"一低"是留学生源质量普遍不高，欧美国家学生比例较低，大量都是来自于第三世界国家的留学生。我国政府在海外学生来华留学进程中投入较大，2018 年度教育部来华留学教育共支出约 33.84 亿元，来华留学经费主要用于资助根据中国政府与有关国家（地区）政府签订的教育交流协议到中国高校学习或开展科研的非中国籍公民。2018 年共有 6.3 万名中国政府奖学金生获得者在华学习，占来华留学生总数的 12.8%。来华留学经费直接拨付高校，大部分由高校统筹用于来华留学生培养、管理等支出，仅生活费发放给奖学金获得者本人③。在今后，混合所有制高等职业院校有望打造成为我国吸引海外留学生的主要基地之一，成为我国留学生教育的主要增长点。其主要理由有以下几点。其一，我国部分先进制造业等发展水平已经位于国际前沿，世界 500 强企业纷纷在中国投资设厂，国内在专业工人技术培训、职业教育等方面已经积累了丰富经验，具备向海外输出优质高等职业教育资源的能力，而校企产权高度复合的混合所有制高

---

① 李大霄：《2019 年我国留学情况及留学产业现状，留学人群规模增长迅速》，《华精情报网》2019 年 8 月 6 日。

② 张海莺：《以质量为先，实现来华留学内涵式发展——教育部国际合作与交流司负责人答记者问》，《中国改革报》2019 年 7 月 24 日。

③ 余颖：《去年来华留学教育支出约 33.84 亿元，来华留学生与中国学生将实现趋同化管理》，《经济日报》2019 年 7 月 22 日。

等职业院校成为其中的主要载体与平台；其二，当前，我国正在全力推进与"一带一路"沿线国家的高等教育合作，这些国家与对外产业合作关系密切，培养与相关产业高度契合的高质量专业技能人才成为当前的迫切需求。发挥混合所有制高等职业院校的特殊优势，组织开展"一带一路"沿线国家青年大学生留学工作，特别是与行业产业具有高度契合性的留学，将为"一带一路"倡议的扎根提供重要保障。混合所有制高等职业院校的人才培养打通校企合作界限，具有鲜明的企业化培育与市场化历练特点，具有较强的市场转化与效益兑现能力，并有效实现了教育与培训的融通。以混合所有制高等职业院校为支点，吸引外国留学生来华留学，将会有打造我国留学教育市场的新增长点，并且鉴于其市场兑现能力优势，还较易使之成为重要的留学教育赢利点。

第五，探索终身教育新形式。终身教育的普及和发展，是社会政治经济文化发展水平的重要标志。伴随着我国综合国力和社会政治经济文化发展水平的显著提升，终身教育被迅速纳入视野，将成为我国重要教育命题，在提升国民素质中发挥重要作用。《国家中长期教育改革和发展规划纲要（2010—2020年）》提出："到2020年，形成适应经济发展方式转变和产业结构调整要求、体现终身教育理念、中等和高等职业教育协调发展的现代职业教育体系。"终身教育理念是现代职业教育体系构建的核心理念。但目前的职业教育体系建设中存在以学历衔接为主、衔接不畅、限制发展的问题。固守原有培养方案，导致中高职衔接培养中学习内容重复、限制学生发展等问题的出现。这样的体系设计难以培养出高水平的技术技能人才，不但不利于学生的生涯发展，还会造成严重的教育资源浪费[①]。混合所有制高等职业教育以产权复合为根本纽带，打通了高校、企业、家庭、个人、社会等的界限，由原有的闭环学历教育人

---

① 付雪凌：《变革与创新：扩招背景下高等职业教育的应对》，《华东师范大学学报》（教育科学版）2020年第1期。

才培养转型为面向社会、面向企业、面向多元受众的开放性大学特点，兼具有企业大学、社区学院等功能，在承担精准面向行业企业高素质专业人才培养的同时，也承担着提升社会基础人员技能素质结构与文化素质结构，培养与转化一批适应性劳动力、储备一批未来可用劳动力，夯实我国整体人群素质基础的功能。从某种程度上而言，它直接关联着占中国劳动人口绝大多数的初级劳动者的基本劳动素质和劳动面貌。这样传统国民教育序列人才培养与大体量社会人员职业培训兼备的模式，混合所有制高校是比较理想的承接载体。一方面，它透过市场化机制，以控股或合并方式，尝试组建高等职业教育集团，并吸收社区学院参加，构建大边界的高等职业教育联盟，并透过产权联结，改变原有的粗放型、松散型、项目化合作的弊端，使其办学形式、规模、层次与大批量社会培训的需求密切关联。与此同时，混合所有制高等职业院校由企业参股，可以精准面向与密切追踪行业企业的最新变革态势，长线关注技术发展潮流，使其对社会劳动力的培训做到"有的放矢""训用一体"，提高社会基础劳动力培训的针对性、有效性。在具体实践过程中，可以采取政府购买服务或者企业买单购买服务的方式，建立起可持续发展的资源导流与循环通道，形成资源供给方、项目需求方、要素支撑方的长线运行架构，使政府力、市场力、企业力、高校力融为一体，创新链、资源链、教育链、产业链等深度绞合，构筑可以长线发展的生态体系。基于以上理由，未来我国混合所有制高等职业院校有望成为我国终身教育体系的核心基地，承担起培养行业产业适用性人才、提高技术工人与国民基层素质的重要职责，成为具有中国特色国民教育体系建设的重要亮点。

二 高等职业教育混合所有制改革深度影响未来高等教育改革发展

高等职业教育混合所有制改革深度影响未来高等教育改革发展主要

体现在四个方面。

第一，在高校与政府关系上，更加强调政府对高校的宏观调控功能，助推构建国家治理体系与治理能力现代化的"高校样本"。

高校与政府关系一直是我国高等教育治理中的"核心议题"。扎根中国大地办大学，我国高等教育治理具有中国独特国情与优势。国家强化社会主义办学方针的指引，引导与要求高校紧紧围绕"培养什么人、怎样培养人、为谁培养人"这一根本问题，坚持党对教育事业的全面领导，坚持把立德树人作为根本任务，坚持优先发展教育事业，坚持社会主义办学方向，坚持扎根中国大地办教育，坚持以人民为中心发展教育，坚持深化教育改革创新，坚持把服务中华民族伟大复兴作为教育的重要使命，坚持把教师队伍建设作为基础工作，引领我国高等教育事业实现跨越式发展。国家发挥集中力量办大事的优势，通过政府调控与政策引导，在普及高等教育与推进双一流建设上协同并进，我国高等教育毛入学率达到48.1%，双一流建设高校发展成绩喜人，国际排名迅速上升，满足了人民群众"有学上、上好学"的愿望；通过精准指引学科与专业建设方向，组织实施"双万工程"等，聚焦"课堂质量不高""人才培养放水"等制约人才培养质量提升的重大疑难环节，以制度刚性指引与要求高等院校攻克难关，全面提升人才培养质量等。新中国成立七十年来，正是在国家的直接领导与大力支持下，我国迅速建立起了门类齐全、结构相对合理的高等教育体系，高等教育入学率显著提升，建立了一批在国际上具有重要影响力的一流专业、一流学科、一流高校，培养了一大批高素质人才，满足了人民群众享受更高质量、更多层次、更加公平的高等教育的需求，很好地服务于国家重大项目建设与综合国力的提升。这些成就的取得，离不开我国独特的国情优势与体制条件。当然在新的历史时期，我国高校与政府的关系，高校治理体系建设也面临着新的要求。其核心改革方向就是将原有的过多"微观干预"的方式转化为"宏观管理"为主的机制，政府不再具体参与高校课程体系、课堂教学模式、实验实训设施、人才引进及师资队伍建设、专业设置、学科团队及平台建设、重大产学研合作项目等微观办学领域的工作，由高等院校自身根据办学规律及事业发展目标自主决定事业发展的重要事项。政府主要承担办学宏观调控职能，主要包括指引区域高等教育事业发展的整体方向，比如坚持内涵发展的要求等；要求与监管高校坚持社会主义办学方向，牢牢掌握意识形态工作领导权，守牢意识形态建设主阵地；构建良好的高等教育发展生态，营造良好的竞合格局，促进高等教育资源的合理流动；加强对高等院校办学的绩效考核，执行差异化、竞争性的经费扶持机制等等。当前这些政策正在稳步推进与实施进程中，但在实践过程中，也面临各种各样的困难与困惑，比如虽然政府给予高等院校人才引进的自主权，但其对于高校人才引进中位数的考核，让高校不得不在一定时间内在区域竞争的整体维度中考量人才引进数量，较易造成引进与实际需求之间的"脱链"；又比如地方政府对高校人才总量与高级职称教师总数予以了定额限制，制约高校因地制宜，持续提升师资队伍建设质量；地方政府对高校重点学科、重点专业和重点课程的阶段性评审，迫使高校采取"田忌赛马"式的应试操作策略，违背学科专业建设规律，裁撤某些基础性、建设周期长、阶段性成效不明显的学科，集中资源打造速成学科，恶化了学科建设和发展的生态；教育考核与评价标准的恒定化与程式化，导致高校在建设发展中的高度同质化，很多高校简单追求"大而全"的办学方向，盲目申硕更名大学，向综合性大学转型等等，其本质是当前高等教育的宏观管理还处于粗放型阶段，其政策设计还较多处于理想模型中，在实践层面遗留了较多的微观管理的政策负累，导致宏观管理在实行过程中必然产生微观化的变型。高等教育治理体系与治理能力的现代化亟待探索与明确。而高等职业教育的混合所有制改革为厘清新时代高校与政府关系提供了重要试验平台与样本。区别于原有的单一型公办院校治理模式，混合所有制高等职业院校基于其产权复合的特性，其利益切分方式、管理机制及治理体系更加规范，作为法人办学实体的相对独立运行特征更加明显。新型政校关系的处理拥有很好的话语平台及权力结构关系，更加便于探索新时代政校关系及其运行体系，形成高校治理能力现代化的重要范本。

基于高等职业教育混合所有制的改革实践，新时代政校关系探索及高校治理体系与治理能力现代化主要有以下四层要义。

第一层要义，建立基于宏观管理的权力运行结构。强调在理念与实践层面切断微观管理的逻辑线索，真正建立以宏观管理为主的行动框架。明确政府"管导向、管规划、管生态、管评价"四大职能。"管导向"坚决管牢高校的社会主义办学方向，牢牢掌握意识形态领导权，这是"首要之重""首位之责"，是政校关系的"重中之重"。以高等职业教育混合所有制改革为例，虽然企业产权及其他产权进入了高校产权结构，但坚持党的领导是办学的根本要求，必须牢牢把握社会主义办学方向，落实立德树人根本任务，掌握意识形态话语权，并将其落实到办学的方方面面。"管规划"，政府主要承担区域高等教育的发展规划工作，即在一定发展时间界限内，高等教育发展类型、结构、层次布局等，建设多少所重点建设高校、多少所示范高等职业院校，有多少学校与学科进入国内及世界排名多少位次，高校的区域布局怎样，如何推动不同类型高校分类发展，如何推进不同层次与类型的高校开展市校合作、省部共建等，勾画好区域高等教育发展的整体蓝图；"管生态"，就是指教育主管部门要维护好区域高等教育发展的良好生态，包括通过建立制度与强化引导，推动高层次人才之间的科学合理流动，有效避免高层次人才的恶意效应，也包括教育主管部门对高校同质化发展目标的合理疏导与有效引导，避免"大而全"之间的恶性竞争等。对高等职业教育混合所有制改革而言，就要确立科学合理的改革框架与利益机制，在制度层面有效减轻交易成本与合作冲突，构建良好的合作生态与发展土壤。同时作为省级教育主管部门，要合理调控高等职业教育混合所有制改革试点样本的节奏、数量、规模等，确保其与高校发展的承受力相协调；"管评价"就是指政府教育主管部门要从终端评价引导高校科学制定发展目标及发展重点，通过评价指挥棒，告诉高校"怎么办，往哪里走，如何合理定位"等问题，要尽可能减少过程性评价、单项评价，注重高校发展水平的综合考量，在较宽广的空间环境内，引导高校不断科学合理优化调适自我发展目标，自我决定发展节奏。特别是在技术处理环节，以教育领域"放管服"改革为契机，避免留下微观管理的线头，影响实际治理成效。

第二层要义，要注重构建教育管理的生态系统。高等教育治理不仅仅是教育指令到达的线性结构，而且是一个生态系统，是一个由不同生态群落构成的，土壤、空气、阳光雨露立体循环交换、不断向上生长的可持续发展体系。所以，它的最大优势是综合协调与一体联动，主要建设成绩标准是生态群落和体系的茁壮成长、不断强大。政府不直接干预生态系统某一环节、某一要素的运行，而是综合作用于生态系统，通过加速生态系统能量循环及代谢、促进生态系统茁壮成长来实现高等教育办学质量的提升。比如以学科建设为例，一流学科建设的"中国生态"，在于构建学科种群与群落合理搭配、和谐共生、茁壮成长的生态架构，实现学科土壤、空气、阳光等环境要素与学科群落之间高度协同与深度融合，促进一流学科的持续生长与不断孕育。变科层式治理为行会式管理。改变原有的基于行政建制和行政力量传导的学科建设模式，打破学校、学院（系）、学科的层级关系结构，破除由于行政建制造成的知识体系分割、利益固化、资源分离、结构复杂及传导低效等问题。建立扁平式的行会管理架构，在横向上，根据学科知识谱系的特点，科学规划与设置学院行政建制，使行政权力单元与学科类别门类尽可能形成逻辑一致，为行政权力与学术力量的"同轨合力"提供体制基础。在纵向治理上，在学科建设及学术事务领域，尽可能削减中间行政决策层级，逐步形成基于学校学科统筹与分学科门类建设的二级模式，形成统分有度、高度协同的学科治理架构①。所以，教育生态系统建设是未来高等教育治理的重要形态。在前文阐述中，作者也详细论证过在高等职业教育混合所有制改革背景下，政府、高校、企业、社会、家庭、学生个体等在生态系统中合理归位，有效融入生态系统的策略问题。从某种程度上说，混合所有制高等职业院校的主体更加多样、运行更加复杂、协调难度更大。它们在教育生态系统建设中的全新实践与尝试将为高等教育生态系统建设和高校治理优化提供重要新鲜经验。

第三层要义，高等教育治理是一种中国语境下具有特殊定义的多中心治理模式。"多中心"一词最早由英国哲学家迈克尔·波兰尼提出，他在《自由的逻辑》一书中区分了社会的两种秩序，即只存在一个权威的指挥的秩序和多中心的秩序②。多中心治理模式是指以提供良好的公共服务为目标，借助多个而非单一权力中心和组织体制来治理社会公共事务的模式③。多中心治理模式的基础是自发秩序或多主体治理，强调向社会分权，强调治理体系中各治理主体的平等参与，强调多个治理主体之间双向互动、多中心互动，以相互信任、相互妥协、协商认同的方式解决问题④。近几年来，多中心治理模式逐步进入高等教育研究与发展的视域。伴随着当前国家以及社会治理的现代化转型，学校组织管理由单一中心的传统管理向多中心的公共治理的转型逐渐成为一种新趋势。多中心治理是对传统的"中心—边缘"管理模式的单一主体性、工具理性思维、效率主义等的全面反思，它强调学校治理过程是一个多元主体的协

---

① 赵渊：《世界一流学科建设的"中国范式"：价值建构及实践路径》，《浙江社会科学》2019年第4期。

② 郁俊莉、姚清晨：《多中心治理研究进展与理论启示：基于2002—2018年国内文献》，《重庆社会科学》2018年第11期。

③ 张庆彩、董茜、董军：《从维稳式治理到多中心治理：群体性冲突治理的困境、超越与重构》，《学术界》2017年第7期。

④ Elinor Ostrom, "Beyond Markets and States: Polycentric Governance of Complex Economic Systems" The American Economic Review, Vol100 (3), 2010, p.641-672.

商对话、民主共治的过程。多中心治理对于当前学校组织而言具有很强的适用性,不论是作为一种管理机构还是教育机构,学校组织都有必要走向多中心治理,在实现民主共治的同时促进健全人格的培育。为了更好地实现多中心治理,学校组织有必要从单向度的、物化的工具理性思维走向多中心的、人性化的公共理性思维,建构师生之间的公民治理的伙伴关系,形成多元共享、相互制衡的多中心秩序,从而推动学校管理思维及模式的变革,更好地实现学校事务的公共治理,更好地适应当前民主法治建设的需要[①]。

  我们认为,中国高等院校的多中心治理具有其特殊的治理语境、运行模式及边界范畴。它是在党的集中统一领导下的多办学主体的充分与深度协作。其"多中心"的主要概念与定义在于二级主体作用的充分发挥与密切协作。而高等职业教育混合所有制改革无疑为多中心治理的探讨与实践提供了一个极好的范本。其主要要义有以下四个方面。第一方面,多中心治理的重要目的在于实现要素资源全方位的流通,多中心治理结构的设计,在于通过这样一种高度协作聚合性治理模式的设计,打破人力资源、信息资源、资金要素等的流通壁垒,构建系统化、一体化流通管道,形成混合所有制治理模式下企业、高校、社会中介组织、家庭、学生个体、社区、社会之间的紧密协同机制,一体纳入高校资源流通网络及治理体系。这样的目标设计运行绩效如何,取决于多中心治理的协调与运行模式,应该说混合所有制高等职业院校牵涉治理主体更多,复杂程度更高,可以有效为高等院校混合所有制治理提供新鲜样本。第二方面,多中心治理体现的是一种叠加效应与倍数效应。通过治理统筹、要素整合,构建组合拳运行模式,探讨怎样的方式是实现了最大程度的功能对位、要素协同、运行嵌入、整合实施,探讨如何借助多中心治理的机制,实现个体向群体转化的最优路径,如何充分发挥

---

① 叶飞:《多中心治理:学校组织的公共治理之道》,《南京社会科学》2018年第12期。

好 1+1 大于 2 的作用，比如混合所有制背景下的产教融合，区别于一般的"产教合作、工学结合"甲方与乙方的合作模式，而是甲乙方融合后合作举措的系列铺陈，是基于高度协作后的一体化的战略实施。第三方面，多中心治理是一种立体化、全要素协同治理。既包括人才资源、实验室资源、创新创业资源、资金资源、场地资源等的一体协同，也包括不同主体间信息资源、市场资源、价值观念、工作理念、企业与校园文化之间的融合等等。特别是高等职业教育混合所有制高校，要善于把高校长期以来积淀的校园文化精髓和企业文化精髓紧密结合起来，培育具有高校独特精神文化传承、具有行业特点、彰显时代精神的育人理念与办学精神等。第四方面，多中心治理要彰显外溢效应。发挥资源要素集聚并扩散的积极效用，强化整体外溢效应，虹吸更多优质办学资源，实现先进理念与运行机制的对外输出辐射。

第四层要义，知识治理与行政治理兼备的治理策略。高校本质上是一个知识体系，遵循知识治理的基本要求，即按照知识产生、更新、运用及传播的规律，建立与完善相应的治理体系。同时高校作为实体性运行主体，具有党务、组织、宣传、纪检监察、教学、科研、人事、社会服务、后勤等相关条线的管理运行职能，具有行政治理的特点。高校治理要实现知识治理与行政治理有效结合，行政治理遵循知识治理规律的原则。发挥两者最大化的结合效用。这在实践过程中，具备一定挑战，传统强势行政治理更好地导入到知识治理的轨道，需要在制度、文化甚至是教职员工心态上做好同步调整。从高等职业教育混合所有制改革而言，就是要把知识创新体系（内含技能培养体系）、高校治理体系、企业技术创新体系、企业市场竞争体系等有效结合，遵循高校人才培养的基本规律，将各种体系的有效资源、办学的有利因素导入到高校治理体系中，全面服从与服务于人才培养体系建设，提升高等职业院校人才培养质量与综合办学实力。这样的治理路径的确立，符合未来知识更新与发展的需求，符合高等教育的办学实际，具有现实必然性与迫切性。

第二，在高校内部发展机制上，更加强调四种办学功能的综合联动，并根据不同办学层次与需求，凸显差异化驱动轴的作用。

人才培养、科学研究、社会服务与文化传承是高校的四大基本办学职能。在新时代高等教育事业发展中，实现四大功能的协同共进是办学的基本要求与基本形态。在这其中，人才培养是核心驱动轴，是高等院校办学的根本使命与任务，是高等院校区别于研究机构的根本标志；科学研究、社会服务和文化传承是联动轴，为人才培养提供强有力的支撑，使高校具备体系化运作的能力，这也是高等院校区别于社会培训机构及其他办学形态的根本标志。当前，在我国高等教育事业发展进程中，四种职能的轻重不一、协同不够、结构失调严重影响了高等院校办学实力的提升。比如研究型大学重科研轻教学的不良倾向，将高水平论文发表数量、高层次"戴帽"人才数量、高层次科研团队数量、高级别实验室数量、高水平学科作为衡量办学水平的主要标志，将有限的办学资源集聚到重大科学研究项目上，对人才培养等基础性环节、核心主业关注不够、用力不够，一些研究型大学的"水课现象"、"清考现象"等，就是这方面问题的集中反映。而有些新建本科院校，存在着明显的两极化发展方向，一些学校刚"升本"不久，就锚定申硕目标，或片面追求向综合型大学转型，热衷于花巨资引进高层次人才、搞关系跑课题，快速扩张学科专业规模，意图通过速成办学在短期内建强学科、做大基数，实现"求大"与"求高"并进。而有些新建本科院校面对下有高等职业院校应用型人才培养抢占生源，上有老牌本科院校办学压力的情况下，简单将办学目标调整为应用型人才培养，与普通高等职业院校人才培养相混淆。一些高校办学有着较为明显的市场化倾向，将很多优质办学资源导入到效益好、周期短、成本低的培训业务中，借用学校品牌与资源，大力举办高等技能班，在职学历班、函授本专科教育、MBA等各级各类、各种层次的社会化办学项目，在一定程度上影响了办学主业的精力与资源投入。以上这些办学进程中"失焦""失准""失位""失格"现象，有办学目标、价值观念、办学定位、办学心态等方方面面的问题，但在实际办学层面，其共有的办学问题就是高等教育四大职能的比例与结构失衡。在高校建设与发展的内部机制上，要实现人才培养、科学研究、社会服务与文化传承的高度协同，一体规划这四大职能的具体落地工作，实现四者的嵌入式协作。同时要建立起鲜明的导向，使科学研究、社会服务与文化传承有效服务于人才培养，将最终落脚点紧紧定位在人才培养上。根据不同层次、类型定位的差异化发展状况，在高校办学的四项职能中，可以尝试建立差异化从动机制。比如对于研究型大学，要更加注重凸显高水平科学研究对人才培养的有效引领与反哺效应，将最新的科学研究成果第一时间引入到高校课程体系、课堂教学、实践训练等方方面面，促进人才培养模式的持续更新。新建本科院校往往是地方性院校，和地方社会政治经济文化发展具有高度的契合性，应该重点发挥社会服务和科学研究的联动职能，精准对位区域产业经济社会文化发展重点，并将其全面导入人才培养创新进程中，全面培养能够充分满足区域政治经济文化社会发展的高度适配性人才，走区域一体化发展道路。而对于高等职业院校，特别是混合所有制高等职业院校，更要在牢固树立人才培养为本理念的基础上，精准对位行业产业发展需求，大力开展面向行业产业及区域发展的订单式人才培养，以需求端促进人才培养端的持续创新。这种四项办学职能联动机制的确立，及不同职能差异化驱动效应的精准定义，从横向发展面来说，就是避免高校在发展进程中顾此失彼，以简单功利性目标定义发展全局。从纵向发展维度来说，就是以办学职能的现实发展状况、发展水平来厘定发展目标及定位的逻辑底线，比如研究型院校对科学研究的凸显和高等职业院校对社会服务的重视，潜在规制了其办学层次、目标及类型定位，是内在办学规律及办学特征对显性外在办学目标及定位的逻辑规制与约束。这样的运动特征及运动轨迹的把握，真正使高校办学目标能够与办学实际相契合。高等职业教育混合所有制改革试点无疑为这种办学逻辑体系的建立提供了重要的试验样本。在复合型产权结构及治理结构下，四大办学职能的协同，办学目标的科学确定，不仅有赖于高等院校主观科学判断，也接受市场，特别是技术精准转化市场的直接规制，受到企业对技术转化规律，产业发展规模及前景的科学预判，及其由多种因素传导出来的家长和社会对相关专业和行业的认知状况。在多种因素共同作用下，最终形成高校的办学目标、定位、逻辑路径等系统化办学策略。这种办学目标的导出方式及运动结构将为新时期高校内部发展机制的完善提供重要经验。

第三，助推高等教育跨主体、跨门类、跨区域协作，构建具有我国特色的新型高等教育联盟。

当前高等教育跨主体、跨门类、跨区域协作整体处于发展阶段，一些高校设立了异地校区、一些高校强化了新时期校企合作关系等等。从高等教育整体发展而言，尚处于小体量的局部试点阶段，从发展形式与内在动力而言，还是以单一主体为主的外延式增量改革模式，具有阶段性的利益获得与利益驱动特点，较多层面还停留在办学实践操作及技术运用层面，尚未上升为一种办学理念及重要办学战略抉择。高等职业教育混合所有制改革通过产权复合的形式，构建了新型高等院校跨主体合作模式，其模式的主要特点是产权嵌入、主体融合，形成了复合型、统一性的全新治理架构。这种模式下的新办学理念、治理机制、要素分配、跨文化传承与传播等全新办学内容的探索，对我国高等教育治理模式优化及发展全局具有重大创新意义。其主要表现在三个方面。

一是高等教育跨主体、跨门类、跨区域协作将成为高等院校发展的重大战略抉择，也成为输出优质高等教育资源，弥合区域高等教育发展不平衡的重要战略手段。未来更多中国高等院校与企业之间将更多地通过产权复合的形式构建一体化发展战略共同体，这种一体化结合并不仅仅局限在高等职业教育的办学层次上，从职业院校开始试点，将逐步延伸到普通本科院校和双一流高校。普通本科院校可以定位区域重点产业门类，结合自身专业特色和办学优势，以产权复合推进深度校企合作，精准面向区域特色产业加速产学研一体化与高素质人才培养，有效服务区域社会政治经济文化发展，通过协同创新提升产业综合竞争力及在国内外的地位，并有效反哺高校学科及专业"争先晋位"，提升办学治理，走区域协同发展道路，共享发展机遇和红利。双一流高校要面对关系国计民生的重大原始技术创新、关键领域和重点行业的核心技术突破，和国内龙头或领军企业建立紧密型合作关系，强强联合，协同开展攻关，努力实现核心技术领域的重大突破。在条件成熟的情况下，可以尝试引入企业资源，与高校组建混合所有制改革实体，通过产权复合的形式，更好地实现高层次人才、顶尖科研设备、一流实验技术条件、强劲项目经费、完善的周边配套等优质资源的充分共享，突破重大关键性技术瓶颈，助推高校整体办学实力的提升。在中国制造加速迈向中国创造，实现关键领域重大技术突破，决胜全面建成小康社会进程中实现中国"双一流"建设高校发展质量与建设水平质的飞跃。在"双一流"高校混合所有制改革进程中特别需要注意的是，"双一流"高校往往是具有较强竞争力的综合性院校，往往具有若干个代表性重点学科，体现国家的综合创新实力与顶级科技竞争力，具有引领某一行业或领域发展潮流的能力，具有世界学术体系的话语权，很难说有一个或若干个顶级企业能完全适配其研究领域与方向，在现实层面，也很难通过校企混合所有制产权结构的方式，介入在国计民生重大领域和关键环节具有决定性影响的高等院校的运行。所以相对于其他类型与层次高校的混合所有制改革，当前"双一流"高校的混合所有制改革还只能处于"试点"状态，建议能否在二级学院层面与国内领军企业尝试建立混合所有制治理结构，实现在某一领域顶级办学资源与顶尖企业的深度结合。在这个过程中，需要突破二层制度障碍，其一是综合性大学的二级学院不是独立法人实体，如何确保企业资本在产权结构上得到保障，未来尝试以校企共同组建公司，托管二级学院的方式是否是一条可以走得通的道路，还是通过学校与企业契约的方式明确其股权结构与运行方式,主要契约精神以学院章程的形式予以体现与保护,这在实践层面还需要进一步探讨。其二,"双一流"高校的二级学院,往往代表国内在某一研究领域的顶级实力,在混合所有制合作对象的选择时,如何确保对方的整体实力、国内外排名等与高校实力相匹配,并有效克服渠道、资源的垄断性、排他性风险,实现顶级技术与高层次人才在更广泛的国民经济领域的适用与通用,这是一个重大难题。这就需要高校在选择合作对象企业时要反复甄选,综合考虑当前及未来的技术发展趋势与潮流,技术的成长及运用空间,企业的综合经营实力及未来发展前景等,切实把好合作的对象关。同时在未来高等教育的混合所有制改革中,我们倡导积极突破原有的单一校企合作跨主体协同的模式,在条件成熟的情况下,积极尝试跨区域、跨门类、跨行业、跨组织复合型合作,放眼全国及世界,放眼新兴学科、交叉学科、未来学科遴选合作对象,放眼各种组织形态确定合作伙伴,突破原有的单一"校—企"架构的束缚,构建复合型产权结构,可以尝试引入战略合作企业集群的方式,分散股权,把若干所企业纳入校企混合型产权架构,更好地发挥顶尖高校对行业集群的带动作用。

第二,探索新型高校联盟的实现方式。高校联盟是当今世界高等教育事业发展中的典型现象。国际上,世界一流大学的国家级高校联盟有美国常春藤联盟、美国大学协会、英国罗素大学集团、澳大利亚八校集团、巴黎高科技工程师学校集团、德国精英大学和TU9、日本学术研究恳谈会和八大学工学系联合会、加拿大U15联盟等,国际高校联盟有环太平洋大学联盟、21世纪学术联盟、全球大学高研院联盟、国际公立大学论坛、国际研究型大学联盟、国际科技大学联盟、世界大学联盟等。以举世闻名的美国"常春藤盟校"为例。常春藤盟校(Ivy League)是由美国的七所大学和一所学院组成的一个高校联盟。它们是宾夕法尼亚州的宾夕法尼亚大学,马萨诸塞州的哈佛大学,康涅狄格州的耶鲁大学,纽约州的哥伦比亚大学，新泽西州的普林斯顿大学，罗德岛的布朗大学，纽约州的康奈尔大学，新罕布什尔州的达特茅斯学院。这8所大学都是美国首屈一指的大学，历史悠久，治学严谨，许多著名的科学家、政界要人、商贾巨子都毕业于此。在美国，常春藤学院被作为顶尖名校的代名词。在国内，高校联盟也已经拥有了良好的发展基础。比如九校联盟（中国C9联盟），由北京大学、清华大学、中国科学技术大学、浙江大学、南京大学、复旦大学、上海交通大学、西安交通大学、哈尔滨工业大学等九所大学组成，是中国首个顶尖大学间的高校联盟。卓越大学联盟是国内9所具有理工特色的重点综合性大学组成的"卓越人才培养合作高校"的简称。2010年11月，北京理工大学、东南大学、大连理工大学、哈尔滨工业大学、华南理工大学、天津大学、同济大学、西北工业大学等8所高校在同济大学签署《卓越人才培养合作框架协议》，秉持"追求卓越、资源共享"之原则，以共同推动我国高等教育教学改革与卓越人才培养为目标，开展全方位交流与合作。重庆大学于次月宣布加入，至此，卓越大学联盟的合作高校增至9所。北京高科大学联盟是我国进行全方位合作的高校联盟之一，包括北京化工大学、北京林业大学、北京交通大学、北京科技大学、北京邮电大学、华北电力大学、哈尔滨工程大学、西安电子科技大学、中国地质大学（北京）、中国矿业大学（北京）、中国石油大学（北京）、燕山大学。北京高科大学联盟成员高校都具有显著的行业办学特色和突出的学科群优势，在其行业领域内处于"领头羊"地位。联盟围绕国家重大战略需求和重大科学问题，发挥在基础研究、前沿技术研究和示范性集成应用方面的特色和优势。"行业特色大学优质资源共享联盟"是教育部直属的部分原行业高校自愿组成的校际合作组织。以"平等自愿、互信互利、互相尊重、共同发展"为原则，将构建优质教育资源互利共享的合作机制，实现资源共享、开放办学，在人才培养、科学研究、仪器设备、图书文献资源等方面开展互利共享的合作，共同打造高水平行业特色大学战略联盟，着力提升高校的创新力与竞争力，增强服务国家战略需求、行业和地方经济社会发展的能力。此外还有国防七校的G7联盟、中西部"一省一校"国家重点建设大学(Z14)联盟、全国九所地方综合性大学协作会、全国地方高水平大学联盟、应用技术大学（学院）联盟、全国政法类大学"立格联盟"、汉江流域大学联盟、长安联盟、长三角高校合作联盟、全国文理学院联盟等。纵观我国现有的大学联盟，大多具有松散型、宽泛型等特点，大学联盟之间更多的是概念性的合作关系，借助于联盟平台，举办年度性高峰论坛等协商活动，围绕共同关心的议题展开主题讨论等。联盟常态工作大多停留在教育改革信息、行业信息等进行交互交流的层面，只有少部分联盟组织实施师资互派交流、学生交流及学分互认、重大项目协作科研等，且稳定性较差，因为不同高校之间存在资源要素、晋级升格等的竞争而存在较大的沟通交易成本。大多数联盟缺乏常态议事机制及工作平台，缺乏相应的议事规则及共同愿景，或者有相关制度却没有有效执行到位，联盟运行质量及成效还不明显。在这其中，长三角高校合作联盟依托于长三角区域一体化国家战略的实施，开展了实质性的高等院校学生、师资、项目、产业等合作交流活动，取得一定成效。这背后，更多的是依托长三角一体化国家战略行政力量的强力推动，是作为一揽子工作的重要组成部分之一，而并非教育系统内部需要、内在力量的推动与循环。

在新的历史时期，必须要重视高等教育联盟建设在高等教育改革发展中的重要作用。他们是突破单一高校办学资源、办学视野、办学能力辖制，通过优势互动、合纵连横，实现高等院校个体及高等院校群落快速发展的重要途径，是在短时间内精准对位弥补高等教育发展中的不足、优化高等教育结构布局、实现区域高等教育协同发展、打造高等教育引领发展板块及特色发展门类、建设高等教育强国的重要战略手段。新时期的高等教育联盟建设最核心的是打破高校合作之间的体制机制隔膜，突破排他性竞争心理的局限，实现"由虚向实""由散变聚"等的转变，打造紧密型高等教育联盟。高等职业教育混合所有制改革对多元办学主体的有效统筹，也将为高校联盟建设提供新的重要的参考。未来我国高校联盟建设主要有两大理路。

第一理路是建设高校联盟之间的实体化运行平台。将原有聚会型、松散型、主体性高校联盟纳入常态化、规范化、体系化运行轨道。明确联盟理事长单位和副理事长单位等，建立常态化运行的秘书机构，配备专职工作人员等。建立联盟章程，明确联盟发展愿景、共同目标、组织机构、实施原则及相关保障举措等，围绕联盟成员之间的共同发展需求，组织开展联盟成员高校之间课程体系协作、人才培养模式改革协作、师资队伍协作、教学实验实训设施协作、重大科研项目协作、社会合作项目协作等，并明确实施细则、保障举措等，真正使高等院校的优质办学资源充分共享。在实际运行过程中，为了有效疏导与解决高校之间的排他性竞争心理，可以采取以下四种举措。一是根据不同高校联盟的特点，积极尝试由第三方参与联盟运作，特别是联盟公共平台的建设。行业性高校要注重充分调动行业协会力量，参与高等教育联盟建设。比如传媒类高等院校教育联盟，可以尝试邀请中国广播电视社会组织联合会相关专项委员会参与联盟平台运作等，既具备良好的行业指导性，也具有跨主体黏合的作用；一流大学建设联盟可由教育部相关司局退下来的领导同志，或邀请中国高等教育协会相关委员会参与联盟公共平台运行等，能够在更高的视野上规划定位及统筹组织来运行联盟等。二是精细化设置项目合作清单，实现供需契合与供需对位，挖掘高校联盟内部合作的潜在动力。高校联盟的落地化运行必须在动力机制建构上取得新的突破，真正变成其现实发展所需的主动自觉行为，激发起持续推进深入推进的动力，而不是由上而下的应景式、号召性的任务导向。所以必须从原有的粗线条、大一统、概念性的合作方式中解脱出来，着眼于联盟内部精细化的供需对位，对各个学校的具体情况、合作愿景、利益机制等做深入分析比对，寻找出各个高校之间的差异化发展优势，内在合作的精准契合点。通过联盟平台，构筑信息桥梁、资源合作通道等，建立完善的、系统化的项目对接机制。让需求成为推进合作的有效纽带。比如不同高校学科团队的融合，联合申报国家重大专项等等；不同高校差异化学科优势下人才培养模式的协作等等，中国科学院大学与中国社会科学院大学签署战略合作框架协议。通过合作，两校进一步充实文理互补内涵、提升人才培养质量。通过学生互换、课程互认、学分互认、教师双聘等方式开展深度合作，共同构建自然科学与哲学社会科学教育深度融合的人才培养模式；深化和创新合作机制，适时通过共建学院或研究中心，探索深度、全方位、立体式合作；瞄准新科技革命，加强哲学社会科学对科技创新工作规律的把握，通过自然科学的发展促进哲学社会科学研究，共同为建设世界科技强国提供支撑，为加快建成中国特色世界一流大学，实现两个一百年奋斗目标和中华民族伟大复兴中国梦作出贡献[①]。这是点对点合作模式的经典案例，下一步也可以按照这样的路径，探讨联盟内部高等院校的嵌入式、互补式合作机制及模式。三是建立梯级推进的项目合作方式与联盟运行机制。高校联盟的实质性落地是一个有着诸多考验的课题，涉及利益、体制及区域差异等等，不可能一蹴而就、一步到位，要克服理想化、功利化的合作心态，建立项目梯级推进机制，根据项目难易度、推进实施的现实基础条件等情况，可以尝试建立第一批项目内容清单、第二批项目内容清单、第三批项目内容清单，根据由易到难的情况，建立项目梯度推进清单，建立与完善"试错机制"等，鼓励各相关高校在联盟建设实践中摸索相关经验，形成与凝聚共识。四是用好政府资源导流的牵引效应。政府的政策导向及政策性资源是促进高等教育联盟落地的重要战略背景及战略驱动要素。比如长三角区域的高等教育联盟就可以充分依托长三角一体化的政府间协调机制，依托长三角区域合作办公室组建区域高等教育联盟，把高等教育资源共享、理

---

① 《中国社会科学院大学与中国科学院大学达成战略合作》，《光明日报》2019年11月19日。

念融合、平台共建等纳入政府间合作议程，提供联盟运行与实施的刚性，在长三角一体化国家战略的实施进程中加速促进教育一体化进程，为全国其他区域高等教育协作提供重要范本。西部地区高等院校也可以充分利用中央对西部建设的重要政策性资源，抱团开展紧密型合作，协作进行重大项目攻关、开展创新人才联合培养试点等等，共同探索走出一条新时代落后地区高等院校跨越式发展道路。还比如京津冀地区高等教育合作，要利用中央的行政手段协调并引导城市形成各自明确的发展战略定位，从而形成区域发展梯度，便于开展分工协作。合理调控中心城市的辐射带动能力，合理调控参与协同发展的教育机构的数量与组织的规模，提升协同发展的规模效益，防止合作泛化、滥化。横向强调三地间的积极协作关系，注重发挥市场机制在三地教育资源配置中的调控作用，促进三地资源要素的自由、平等流动。同时，发挥政府部门的综合协调作用、市场资源配置作用、非营利组织的沟通交流作用、专家学者的参谋咨询作用，引导公众参与发挥教育协同合作的监督和促进作用，化解政府间合作中存在的矛盾和问题[①]。通过行政与市场力量的综合作用，构建区域教育协作体系，为区域高等教育联盟的构建打下良好的基础。

　　第二理路是探索高等教育集团运行的可行性。高等教育集团在我国是个新鲜议题，尚没有进入各级高等教育理论研究者和实践者的视野，更无从谈起具体的实践成果。但作为一种未来发展路径仍然有探讨的价值与意义。如果说高等职业教育混合所有制改革提供了高等教育不同性质产权的全新结合方式，那么高等教育集团则提供了跨区域重组高等院校的思路。从横向参照上而言，国有企业的跨行业兼并重组就是经典案例，无非是现在将主体置换成高等教育办学主体，从事公益性高等教育活动等。从更小的试验范本来看，一些地区优质学校托管其他学校也是这样一种操作路径。这种合作模式，优质高等教育主体可以充分发

---

① 高兵：《京津冀教育协同发展的现代化路径探索》，《教育理论与实践》2015年第22期。

挥其品牌、人才、管理、资金等优势，通过要素植入，联合办学，换取更大的办学空间与办学市场，构筑新的办学高点，不失为一种今后可以探讨的方法与路径。至于高等教育集团的性质，可以是公办、也可以是混合所有制。它与高等教育联盟的核心区别在于，实现了产权结构与治理结构的统一，以更加紧密的一体化实现了目标协同、愿景协同、战略协同、路径协同、文化协同等，以相对独立的竞争主体参与高等教育发展，构筑高等教育事业发展的新增亮点。

第四，优质高等教育资源向基层下沉有望加速，更好地带动中国新型城乡一体化、新型工业化及美丽乡村建设等。长期以来，我国的优质高等教育资源大都集中在中心城市。比如北京市拥有59所二本及以上院校。26所原211工程大学，8所原985工程大学，全国排名第一。同时也拥有非211、985大学的特色院校如中国科学院大学、中国社会科学院大学、北京语言大学、外交学院、国际关系学院、北京电影学院、中国人民公安大学、北京电子科技学院等。上海市在国内高校聚集地排名第二位，拥有上海交大、复旦、同济等国内顶级名校。29所二本及以上院校，9所211工程大学，4所985工程大学。还有上海纽约大学、上海海关学院等特色院校。南京、西安、武汉、广州、天津、成都、重庆、长沙等都是我国优质高等教育资源的集聚地。从全国范围看，我国高等教育资源主要集中于直辖市、各省份的省会城市，其他城市高等教育资源集聚指数普遍低于全国平均水平。这说明我国高等教育资源倾向于向规模等级较高的中心城市集聚，中心指向性明显[①]。优质高等教育资源在地级市及以下行政区下沉不够，使之与区域产业衔接度不够，对区域政治经济文化社会发展贡献度还存在一定落差，在一定程度上影响了市及市以下行政区社会政治经济文化的全面发展。而高等职业教育混合

---

① 刘宁宁：《我国城市高等教育资源集聚水平及空间格局探析》，《高校教育管理》2019年第1期。

所有制改革提供了一种全新的思路，即突破传统的行政规划局限，走基于适配性需要的校企、校地合作道路。当前，我国新型城镇化建设全面加速，城乡一体、产业互动释放了巨大的产业发展空间与产业潜力，与此同时，信息化、新型工业化、现代农业与新型城镇化交互结合，构筑了新的重大发展机遇。党的十九大报告又强调农业农村农民问题是关系国计民生的根本性问题，必须始终把解决好"三农"问题作为全党工作的重中之重。提出坚持农业农村优先发展，实施乡村振兴战略。并将乡村振兴战略提升到战略高度，写入党章。我国农村也将迎来前所未有的重大历史发展机遇期。这些战略因素综合叠加，意味着我国市及市以下行政区域将迎来前所未有的历史发展机遇，也为我国优质高等教育资源提供了前所未有的用武之地。未来我们可以期待，我国的优质高等教育资源有望积极向市及市以下行政区域下沉，在带动区域经济快速发展的同时，也有望迎来高等教育新的发展高潮。未来大概有以下三种模式。第一种发展模式是优质高等教育资源在市及市以下单位办异地校区，由地方承担土地经费、基础设施建设经费等，并适度补贴高校办学运行经费。高校负责人才、实验室等智力要素投入，双方共建高等教育实体。根据地方的实际情况，校地之间可以共建专业从事技术研发的研究院，也可以共建国民教育序列本科教育机构等。这种模式在长三角地区的浙江省已经拥有了比较成熟的运行经验。浙江清华长三角研究院就是一个成功典范。浙江清华长三角研究院位于嘉兴科技城，由浙江省人民政府与清华大学本着优势互补、共同发展的精神联合组建的研究机构，为实行企业化管理的事业单位。该院坚持科技研究，坚持产业发展的办院方针，以"省校合作的桥梁，人才培养的摇篮，科技创新的平台，成果转化的基地"为发展定位，构建"政、产、学、研、金、介、用"七位一体发展模式，大力开展科技创新、技术服务、人才培养和高新技术产业化工作，为更好地发挥清华大学服务社会职能，推动嘉兴、浙江及长三角地区经济社会发展方式转变，实现科学发展、和谐发展、率先发展作出积极贡献。近几年来，浙江省在全国率先推动了在县市区办大学的潮流，比如浙江传媒学院在桐乡市建立了桐乡校区，设置有文学院、音乐学院、设计艺术学院、文化创意与管理学院、华策电影学院等五个二级学院，深度发挥桐乡乌镇世界互联网大会永久举办地的特殊优势，紧密契合桐乡市社会政治经济文化发展特点，走"互联网+文化"发展道路，实现了办学的跨越式发展，也有效服务了地方社会政治经济文化发展。浙江科技学院在湖州安吉设立了安吉校区、浙江农林大学在绍兴诸暨设立了暨阳学院，浙江工商大学在桐庐设立了桐庐校区，浙江工业大学设立了德清校区等等。这些校区的设立，使优质高等教育资源的发展空间进一步盘活与扩容，优质高等教育资源对地方经济社会文化发展的贡献率持续提升，产业及地方发展资源又有效反哺高等院校建设与发展，形成了正向循环机制，取得了明显的发展成效。未来这些模式有望在全国更多地方推广。第二种模式是优质高等教育与地方高校的结对帮扶模式。在我国这项工作开展了一定的时间，比如北京大学对口帮扶新疆石河子大学等，但大都仍属于点状试验的模式，还有众多潜力可以挖掘。今后，这种帮扶要在传统的政府指令性、公益性基础上，注重挖掘被帮扶对象高校及所在区域的潜在优势与红利，寻找其与优质高等教育办学主体之间合作的接驳点，变单向帮扶为双向动力输出，构建可持续发展的机制。对口帮扶要考虑区域代表性、行业代表性，树立"种子队"概念。要精心选择被帮扶高校，优先选择发展基础好、具有较好的产业前景、综合实力较强、与区域社会政治经济文化契合度高、区域代表性强的高校，努力通过一定时间的帮扶，能够迅速提升办学综合实力，成为某一地区的标杆性大学，引领区域其他高等院校的发展，实现以点带面、以点扩面，进而提升区域高等教育整体发展水平。第三种模式是以省部共建为机制牵引的资源下沉模式。当前我国正在高等教育领域大力推进省部共建工作。2018年2月24日，教育部召开支持和提升中西部高等教育发展座谈会，启动部省合建工作。这项工作是对我国高等教育管理体制的重大改革创新。合建工作启动后，教育部与各省(区)政府和兵团签署合建协议，明确总体思路、目标任务和基本路径，确立了"同等对待""多方支持"的精神内涵，搭建了部省合建总体框架，着力优化顶层设计。部省合建围绕三个方面开展工作，加强业务指导，加大支持力度；建设优势学科，提升服务能力；健全工作机制，凝聚合建合力。经过近两年的努力，目前教育部、地方政府、合建高校、对口合作高校四方联动的合建机制基本形成，直属高校、合建高校协同发展的新格局初步显现。省部共建搭建了省级层面的合作框架，但通过这一框架与平台，大量优质高等教育资源通过各种各样的方式下沉到底部高等教育机构中，包括有校际层面的合作、办学理念与思想的引导、师资交流与培训、课程共建特别是优质网络课程的输出、对口科研项目帮扶、国际化办学资源引进、社会合作项目推介、管理体制机制优化指导等方方面面，有单项推进的、有若干性整合推进的，有学术与技术指导的，也有办学方法论指引的，有物质层面的帮扶、也有精神层面的指导，架构了全方位、立体化、多形式、灵活化的合作平台。

三 高等职业教育混合所有制改革未来深度重构我国产业版图及其竞争力

高等职业教育混合所有制改革为我国重要行业与产业迭代更新提供长期化、机制化、利益一体化的技术支撑与高素质人力资源供给。未来这种改革向普通本科院校及双一流高校的传导，有望在各个技术层次、发展水平上为我国整体产业竞争力的提升提供强有力的支持。未来高等职业教育混合所有制改革对我国产业版图的重构主要体现在以下四个方面。

第一，高等职业教育混合所有制改革助推产业融合化发展趋势。跨界融合是未来产业发展的重要特点。近几年来，大量交叉学科、边缘学科、复合学科的兴起为产业的跨界融合提供了重要基础。生物医学工程、纳米科学与技术、生物信息学、仿生界面交叉科学、再生医学等交叉学科及产业得到快速发展。互联网已经像电一样，作为基本生活资料进入了普通人民群众的生活，互联网+产业成为基本的产业发展形态，人工智能和大数据不仅改变了产业发展形态，为产业发展赋能，也深刻改变了社会信息交互结构及人际关系模式。高等职业教育及未来其他层次教育的混合所有制改革，构建了教技产研用的深度一体化体系，前沿交叉学科知识得以通过产教研一体化平台迅速转入产业应用环节，助推产业交叉的深度运用。不同学科、复杂知识、交叉领域、综合运用等可以充分依托这样的体系，促进人才培养、研究力量与产业间相互渗透、交叉重组、前后联动、要素聚集、机制完善和跨界配置，源源不断地促进新兴知识领域及创新创意要素的交叉汇聚、交叉学科知识的创新集聚与生产、交叉学科知识的创新应用转化、交叉技术成果的社会运用，成为深入推进产业融合化的"技术源""创新源"和重要"驱动轴"之一。未来这种产业融合化发展主要有以下四种特征。第一特征是产业链重塑。通过新的要素集聚、技术迭代、业态创新等途径，将产业链延伸与结构重组、价值链新内涵建构及跃迁、功能链拓展与优化、利益链新联结机制构建等连为一体，实现传统产业与新兴产业、基础产业与高端产业、技术产业与非技术产业等的深度融合，实现产业链内在价值的重新定义，对产业链各环节进行重新梳理、开掘内在的增值工作，实现产业链内在分工、功能模块的创新建构，以上下游关联产业环节的全新纳入，构筑新的产业形态及产业分工协作模式。比如文化产业链的重塑，就要注重把传统文化精髓与新时代的文化创新表达方式紧密结合起来，把文化思想性内容建设与先进技术手段紧密结合起来，把文化产业与新兴产业门类有机结合，构筑文化+复合型产业模式，注重文化产业链内部的专业化深度化分工及整合协调运作，注重对文化产业链前端创意思维的开发、产业链后端文化创意产业转化及产业集群建构、衍生产业链开发的系统布局，形成覆盖产业链上中下游的全链整合发展模式，并通过科技加持、文化赋能、多元技术主体介入等，壮大整体产业的发展能级及综合竞争力。第二特征是要素资源重组，以农业产业融合发展为例，依托现代科技进步和产业变革，以新理念、互联网思维和品牌运营等，加快推进资金、劳动力、土地等资源要素的聚集和整合，促进产品创新、服务创新、技术创新，积极发展智慧农业、创意农业、乡村旅游等新型业态，构筑乡村产业振兴新优势[1]。第三特征是新的利益结构关系重构。通过契约、股份等形式增强产业组织主体的利益黏度，结成利益共享、风险共担的利益共同体和命运共同体[2]。根据新的发展形势，重构产业链中间主体间的利益关系，其主要方向是变传统的协作式、松散式合作为深度利益关系融合的、具有高度稳定性的产业链协作关系，夯实产业链的运行基础，增强产业链的抗风险能力及综合竞争力。第四特征是产业链外在发展语境的深度代入。当前我国正在以"创新、协调、绿色、开放、共享"五大发展理念为指导，全面推进生态文明建设，强调人与自然的和谐共生，推进循环经济建设，让"绿水青山就是金山银山"深入人心。加速建设创新型国家。科技创新是国家竞争力的核心，是各类创新中最核心最关键的创新。在党的十九大报告中，习近平总书记再一次强调："创新是引领发展的第一动力，是建设现代化经济体系的战略支撑。"当前我国正在大力依靠创新汇聚融合高端要素，培育我国经济发展新动力；依靠创新培育发展高端产业，构建我国经济发展新优势；依靠创新打造形成创新高地，拓展我国经济发展新空间。通过加强基础研究，强化原始创新、集成创新和引进消化吸收再创新，树立战略和前沿导向，推动关系发展全局的重大技术突破；强化企业创新主体地位和主导作用，形成一批具有国际竞争力的创新型领军企业，推动跨领域跨行业协同创新，加快政产学研用深度融合；坚持全球视野，推进开放创新，为经济转型升

---

[1] 李小云：《农村产业融合发展的演进趋势与推进策略》，《学习论坛》2019 年第 11 期。
[2] 同上。

级提供强有力支撑①。创新型国家建设成为提升综合国力的重要支撑。党的十九届四中全会审议通过了《中共中央关于坚持和完善中国特色社会主义制度、推进国家治理体系和治理能力现代化若干重大问题的决定》，全面回答了在我国国家制度和国家治理体系上应该坚持和巩固什么、完善和发展什么这个重大政治问题。全面提升治理能力与治理体系现代化水平也成为全社会的"热词"。在新时期产业链建设中，就要善于把绿色发展理念、科技创新驱动的理念融入其中，全面把握治理体系及治理能力现代化构筑的新兴产业发展环境对产业链建设的巨大促进作用等，化外在之势为发展之势，化外在之机为发展之机。

第二，高等职业教育混合所有制改革助推传统产业深度改造。近几年来，我国产业转型升级速度加快，产业发展动能加速转换，一些高精尖及新兴产业得到快速发展，在国内外具备较强的竞争力。但是客观地看，我国产业门类齐全、但整体产业基础还不强大，一些关系国计民生及国家重大核心竞争力的产业门类尚未实现有效突破。传统产业的改造与发展，特别是位于产业链中间层次、与广大人民群众日常生活关系密切、与区域经济发展关系重大的产业发展质量及综合竞争力亟待提升。如何为传统产业发展寻找到一个关键突破点，如何在"去实向虚"过程中更好地稳住实体经济的基本盘，如何更好地实现人工智能、大数据等新兴技术对传统产业的有效改造，如何面对大体量传统产业改造更替及向社会压力传导问题，如何面对凤凰涅槃进程中资源要素的重新布局问题等等，有其内在复杂性和艰巨性，有着一个长期改造优化的过程，是产业发展基本面与经济基本面的长期进化、持续改变与彻底完善的过程。而高等职业教育及其他教育层次的混合所有制改革，着眼于人才培养与产业行业发展、区域发展的深度融合，在人力资源配置、基础性产业能级提升、产业基本面貌改变、人力资

---

① 《坚持创新发展——"五大发展理念"解读之一》，《人民日报》2015年12月18日。

源与产业匹配度等方面长线夯实发展基本面，推进传统产业的深度改造，提升传统产业的发展实力。特别是高等职业教育的混合所有制改革试点，直接对应区域产业中间阶层、产业发展的基本面阶层的优化升级，将直接带动区域主流产业与整体产业的变革提升，有助于改变区域产业发展的基本素质。在这其中，要注意两点。第一点是高等职业教育与产业发展要形成互相牵引效应，不能是低层次的、平行化的产教合作，形成基于产教创新循环的前驱性协作，以企促教、以教促企，形成教育创新、技术创新与企业创新的合力，形成黏合力、聚变力，多方联合作用构筑向前动力。第二点是抓住关键点位。我国中间层级的产业量大面广，改革撬动难度很大，要根据不同的情况，发挥混合所有制高校的作用，找准关键杠杆，比如人工智能、生物工程等先进技术及其产品的引入；比如对于区域教育改革与产业发展规划、重大产业创新政策风口的联动把握等等。

第三，高等职业教育混合所有制改革助推新兴产业迅速抢占发展制高点。当前新技术产业快速发展，引领着我国产业转型升级。以信息技术的突破性应用为主导驱动社会生产力变革，带来电子商务、智能制造、工业互联网等生产生活方式的革命性变革，为社会生产力革命性发展奠定了技术基础。以信息（数据）为核心投入要素提高社会经济运行效率，信息（数据）逐步成为社会生产活动的独立投入产出要素，而且可以借助数字物理系统等大幅提高边际效率，成为决定社会经济运行效率、促进可持续发展以及提升现代化水平的关键因素。以智能制造为先导构造现代产业体系，以工业互联网为支撑，以电子商务为平台，促进了信息技术与实体经济的融合，加快了对传统产业的改造，推动三次产业在融合发展中逐步转型升级，形成具有更高生产率的现代产业体系[1]。

---

[1] 黄群慧、贺俊：《未来30年中国工业化进程与产业变革的重大趋势》，《学习与探索》2019年第8期。

由高等职业教育和其他类型高等教育组成的混合所有制改革集群，一定涉及到高新技术的产教融合、共同开发及产业转化，无疑对未来我国高新技术的发展和产业转型升级发挥着重要促进作用。当然这种作用的大小，取决于高层次、高水平院校校企合作的质量与水平，技术转化的通道、政策及发展环境的构建情况，混合所有制改革的综合推进力度及改革适配性状况等。今后在这项工作上，要做好以下三个方面。一是抓龙头，校企混合所有制改革要紧盯技术发展的最前沿潮流，制约当前及未来发展的最大瓶颈性难题，亟待突破的共性技术性难题等，通过校企协同攻关，打破技术壁垒制约，切实助力产业重大发展，精准锚定高等教育混合所有制改革的贡献方向，通过贡献求发展，更好地拓展其未来改革空间。二是重支撑，一项重大技术突破及其产业化往往依赖于强大基础学科及众多关联产业的支撑。要依托于高等教育体系，搭建起不同办学层级高校的金字塔形结构布局，夯实基础研究，构筑梯级上升传导的科学研究及产业化架构，通过体系化能力源源不断地为高新技术突破提供土壤。混合所有制改革要发挥重要的机制枢纽撬动效应及资源麇集效应。三是强连横。全球一体化的快速推进让全球产业分工成为现实。借助国际创新资源与技术平台，可以有效缩短我国与国际技术前沿在一些关键领域的差距。企业国际化发展、先进技术国际化协作、高等教育国际化浪潮三大发展逻辑与资源并线后，将有力推动我国关键领域先进技术等的突破。

第四，高等职业教育混合所有制改革助推形成技术—资本创新集聚综合体系，构建产业创新的新传动机制。技术与资本的融合形成了全新的裂变效应。资本为技术赋能，使技术快速市场化，并产生明显的倍增效应；技术为资本找寻到了最高效率、最佳利益的实现方式，两者之间的结合，构筑起了新时代产业创新的重要传动机制。而高等职业教育混合所有制改革，特别是混合所有制改革在未来各种高等教育层次中的引入，为技术与资本的结合提供了一个最为前沿、最为直接、最天然、层次最丰富、最为多样化的平台。下一步在技术—资本创新集聚综合体系建设中要注意以下三个方面。第一方面是技术与资本是双向撬动关系。根据不同的发展状况，构筑资本撬动技术创新，技术创新撬动资本的双向路径，实现两者的要素合流、动能合流，构筑一体化发展体系，使技术与资本萃化出最大的创新动能；第二方面是科学厘定技术—资本创新集聚的价值边界，技术与资本一手牵着教育、一手牵着市场。作为教育体系中的重要内容、教育与市场的重要接驳部位，技术与资本的相关传导遵循一定的价值指引，即坚守社会主义核心价值观，弘扬社会正能量，坚守商业道德与伦理，坚持构筑正向正态竞争格局与体系；第三方面是发挥技术—资本创新集聚综合体系的辐射功能。技术背后是课堂教学改革、实验实训创新、教材体系建设、人才培养目标重塑、学科平台搭建、重大项目攻关等的高度协同，步步串联、步步为营，具有鲜明的链状结构模式。从更广阔的角度而言，还涉及国际交流与合作、学校管理机制与运行模式创新等各个方面，要将技术—资本创新集聚综合体系的辐射效应充分渗透到各相关环节，提升环节发展能力与水平。而资本背后是资源分配体系、市场眼光与市场能力、资源整合调度能力、教产衔接体系构建等环节，技术与资本的创新集聚也将带来局部性及整合性优化功能，提升整个产业体系的运行绩效。

四 基于文化视角的高等职业教育混合所有制改革未来审视

基于文化视角的高等职业教育混合所有制改革未来审视主要有以下三重视域。

第一重视域是校园文化、企业精神与国家民族文化将更好地融汇在新时代特有的精神价值体系中。校园文化精神具有其自身独特的优势与特色，具有思想启蒙、文化生产与创造、文化宣传与传播、价值传承、新兴劳动群体的价值社会辐射等功能，它借助于知识创新与传承体系，通过知识体系与价值体系的融会贯通，实现了文化生产、文化创新、文化传播与文化渗透价值链的集聚，一方面它为社会提供高质量的精神文化产品，成为社会主义先进文化的重要"思想库"、"创作库"、"传播库"，另一方面，它通过文化涵养与渗透哺育青年大学生，培养未来主力劳动者的正确价值观念与良好文化素养，在提升民族基础文化素质过程中承担着重要职能。而企业精神是引领与支撑一个企业发展的"文化基因"和"价值密码"，它引领了企业从战略勾画、决策意志、共同价值、行为动机、治理效能、管理模式以及产业产品创新方向等所有方面，深入到企业管理者及所有员工的价值判断与文化观念中，形成独特的价值指引与文化力量，塑造起企业独特的风格，成为构筑企业竞争力的重要基础。企业精神是我国产业发展与文化建设的重要思想宝藏。而高校校园文化精神与企业精神共同统一到社会主义核心价值观中，统一到社会主义先进文化中，成为社会主义核心价值观中的鲜活精神内容。在社会先进文化体系中，革命精神、爱国主义精神、集体主义精神以及中华民族优秀传统文化精神等持续滋养、哺育与提升着高校校园文化精神与企业精神，在共有的价值体系中茁壮成长，夯实全体国民的信仰力量。混合所有制高等职业技术学校因为其本身的介质属性特点，成为贯通校园文化精神、企业精神与国民精神的良好平台，成为社会主义先进文化交流融汇的平台。它的实践过程从社会领域而言，可能是一个局部，也可能是微小的，但它无疑是很好的文化生长实践点与价值闪光点。通过这一点一滴的积累，它将成为社会主义先进文化建设的重要平台。与此同时，价值导向鲜明，又兼收并蓄、海纳百川的社会主义先进文化体系对高等职业教育混合所有制改革的未来提供了更宏阔的视野、更大的发展激情、更好的价值指引、更佳的实践路径、更好的精神集聚，指引着混合所有制高等职业院校在改革中更好地坚守社会主义办学方向，办人民满意的高等教育的价值宗旨，守牢意识形态主阵地；指引着高等院校以海纳百川、兼容并包的心态，吸纳企业精神中的核心价值要素，吸收中华民族传统精神中的精华,吸收国家与时代各种先进文化因子,体现到办学目标的设计中,彰显到办学实践中,转化为办学动力,开辟高等职业教育混合所有制改革更加美好的明天。

第二重视域是涵育特有文化精神内容及文化标志,增强高等职业教育混合所有制改革的标识度,为新时代国家与社会精神塑造做出更大贡献。新时代高等职业教育精神具有多重表达及多种内涵,混合所有制改革又极大拓展了精神素材来源的边界与实践载体,丰富了其价值内核。当前比较典型的精神意向表达主要有以下四类。一是"事必尽善的工匠精神"。习近平总书记要求,"要努力培养数以亿计的高素质劳动者和技术技能人才,弘扬劳动光荣、技能宝贵、创造伟大的时代风尚"。当前"工匠精神"成为高等职业教育的重要精神标识。很多研究者对此进行了深入研究和阐释。比如沈叶认为,"工匠精神"就是追求卓越的创造精神、精益求精的品质精神、用户至上的服务精神[1]。王靖认为,工匠精神是一种职业精神,也是职业能力与职业品质的体现,它是职业道德、职业能力以及从业者的一种职业价值取向和职业行为表现。其基本内涵包括敬业、专注、创新等方面的内容,体现为工匠在产品质量、技术创新、服务水平等方面的精益求精[2]。而鲍风雨、杨科举也认为,要拥有精益求精与知行合一的实践精神。精益求精代表着劳动者立足本职工作,以非凡耐心对极致、完美不懈追求,这是新时代"工匠精神"的最高体现。同时,劳动者要在工作中反思,并将反思结果应用于生产和服务创新,实现"知行合一"[3]。综合现有的研究成果与实践经验,大家较为一致的意见是工匠精神是一种精益求精的精神,是追求极致与完美的

---

[1] 沈叶:《新常态背景下职业教育工匠精神的分析及培育》,《教育与职业》2019年第24期。

[2] 王靖:《新时代工匠精神的价值内涵与大学生职业精神的塑造》,《中国高等教育》2019年第5期。

[3] 鲍风雨、杨科举:《新时代高等职业教育"工匠精神"的培养策略》,《中国高等教育》2018年第20期。

精神，由每一个完美细节构筑起完美主体的精神，集中彰显了对质量与品质的无限价值追求。它背后，体现了中国产业及产业工人的质量至上的价值坚守与价值实践，以非凡耐心对极致、完美不懈追求的精神，它成为新时代中国产业工人的"标准符号"，贯穿在高等职业教育人才培养与产业发展全过程始终。二是"立足于全面发展的新劳动精神"。习近平总书记指出，"人世间的美好梦想，只有通过诚实劳动才能实现"。在全国教育大会上，习近平总书记又强调，培养德智体美劳全面发展的社会主义建设者和接班人。要在学生中弘扬劳动精神，教育引导学生崇尚劳动、尊重劳动。新时代的劳动精神，拥有全新的内涵。赵浚、田鹏颖认为，新时代劳动精神展现了新时代"以劳树德、以劳增智、以劳健体、以劳育美、以劳创新"的立德树人内涵[①]。他认为新时代劳动精神是以劳动为根本活动的理论表达、以劳动为生存方式的生活诠释、以劳动为价值追求的文化自信[②]。郑娓娜认为大学生劳动精神培育内在包含三个方面，求真：辛勤性劳动；追善：诚实性劳动；臻美：创造性劳动[③]。我们认为新时代的劳动精神被赋予了全新的内涵，它不仅仅作为单一能力取向和价值取向嵌入人才培养结构中，而且体现为一种劳动意识、劳动价值、劳动能力、劳动情怀，立足于全方位素质的劳动潜力开发与劳动能力塑造，成为贯穿到人才培养全过程、全环节、全要素、全时空，面向全体的基础性精神与能力结构，在与德智体美的协同共进、深度契入、全面融合中彰显起独特的价值内蕴及实践品质，是新时代高等院校人才培养的基本规格与基本素质之一，是贯通校企的共同能力诉求。三是"搏击长空的创新创业精神"。党的十九大报告提出，"鼓励更多社会

---

① 徐长发：《新时代劳动教育再发展的逻辑》，《教育研究》2018 年第 11 期。
② 赵浚、田鹏颖：《新时代劳动精神的科学内涵与培育路径》，《思想理论教育》2019 年第 9 期。
③ 郑娓娜：《新时代大学生劳动精神培育的价值意蕴及其实现路径》，《学校党建与思想教育》2019 年第 9 期。

主体投身创新创业……建设知识型、技能型、创新型劳动者大军"①。近几年来,党和政府大力推进创新创业工作,国务院发布了《关于推动创新创业高质量发展打造"双创"升级版的意见》,提出推动形成线上线下结合、产学研用协同、大中小企业融合的创新创业格局,为加快培育发展新动能、实现更充分就业和经济高质量发展提供坚实保障。而创新创业精神是推进创新创业工作走向深入的精神密码。"创业精神"是人创造性地解决问题的强烈愿望,是个人运用创造力、好奇心、想象力、冒险精神和团队协作等能力主动为自己创造一份事业的精神。在职业教育中加强"创业精神"的培养,有利于挖掘人的创造天性,促进个人的全面发展,也有利于满足创业型社会的经济发展需要,促进社会的公平与公正②。它引导创业者将开创性的思想、观念、个性、意志、作风和品质付诸实践,本质上是将创新理想、信念及创新方法转化为系列创业活动的过程,包括创业激情的集聚、创业理想的建立、创业目标的厘清、创业手段的运用、创业过程的实践、创业价值的实现、创业组织形态的创新、创业技术的转化与运用等各个方面。创新创业精神是架构创意到实践的精神力量之一,蕴含着顾全大局、团结协作、爱岗敬业的品格;知难而进、百折不回、争创一流的品质;锐意进取、敢为人先、开拓创新的精神;艰苦奋斗、吃苦耐劳、务实奉献的作风;宠辱不惊、淡泊明志、宁静致远的境界③,指引着青年大学生放眼世界、脚踏实地、勇于实践,将满腔的创业想法与创业情怀转化为创业实践,克服资金、市场、管理等各方面的困难,以青年人的激情与智慧,创造各种条件融入产业和社会发展进程,培养个人与团队协调力,在创新创业中加速实现青年

---

① 习近平:《决胜全面建成小康社会 夺取新时代中国特色社会主义伟大胜利》,《人民日报》2017年10月28日。
② 查英:《"创业精神"的内涵及其在职业教育中的意义》,《中国职业技术教育》2016年第12期。
③ 王海亮:《新时代大学生创新创业精神培育与劳模精神契合研究》,《思想政治教育研究》2018年第4期。

大学生的人生梦想，承担起青年大学生的社会责任。四是"恪守价值高地的职业伦理精神"。职业伦理精神是产业成熟度及发达程度、社会文明程度的重要考量基础。一个高度发达、具有核心竞争力的产业必然具有高度的职业伦理精神。新时代的职业伦理精神包括对于技术创新及产业发展规律的尊重、坚守诚信经营原则、坚持公开公平竞争、尊重行业规则、遵守社会公序良俗等等。作为高度发达的产业，其职业伦理精神除开共性的商业规则及价值表达外，还内蕴着企业独特的价值传承与文化传统、共有的行为规范与职业约束等。这种职业伦理精神的存在，不仅凝聚人心，有效增强了企业竞争力，维护了良好的商业发展秩序及生态，还为全社会共有价值信念——社会主义核心价值观的贯彻与渗透提供了重要平台。高等职业教育混合所有制改革高校，也要充分发挥校企联合的文化及平台优势，将职业伦理教育作为重要的公共基础性课程，把企业的好经验、好素材、好方法引入到课堂教学体系中，全面介入到大学生人才培养中，使之成为新时代大学生的重要素质之一，提升大学生综合素质与竞争力。

第三重视域是发挥混合所有制高等职业院校的特殊优势，构筑面向未来的新文化传播平台与载体。文化传承是高等教育的基本功能。无论是什么类型、什么办学层次、什么服务面向、什么性质的高校，都具有文化传承的独特使命。

混合所有制高等职业院校要发挥自身的独特优势，构筑社会主义先进文化传播高地，更好地履行自身独特的文化使命，也提升自身的办学美誉度及发展空间。主要包括以下三个方面。第一方面是构筑好独特的校企合作技术创新及产业工人的文化群像，塑造与传播新产业精神。利用校企协作的平台优势，将校企文化融合优势转化到文化作品创作上，组织创作反映新产业精神的系列文化作品，发挥高校贴近产业、创作力量较强等的优势，挖掘典型人物、典型事迹、典型事件等，通过高校舞台剧、微电影、微剧等多样化的创作形式，深入工厂、农村和社区，将产业工人的故事、校企协作攻关的经历、新产业精神传递到社会各个角落，塑造典型艺术形象，传播新时代产业精神，也让青年大学生在创作中受教育、长才干。第二方面是加强对中国产业创新及产业工人群像的话语包装。发挥高校的优势，在话语传播、知识传播及媒介传播的专业视域内，对中国技术创新、产业转型升级、政府治理体系变革、新时代产业精神等进行专业论述、专业表达，争取通过高校智库通道及关联媒介平台，厘定其报道规格与话语层级，提升其在专业领域与视域内的影响力，提升中国产业及创新体系的整体行业话语权，提升其在整体国民认知体系中的地位。第三方面是建立碎片化新闻素材与关注焦点的导流机制。发挥好抖音、微信、微博等新兴媒介的作用，通过发挥高校、企业及其牵连的社会中介组织、行业协会、家庭、学生等多个层面群体的作用，鼓励社会大众走进来、高校和企业师生员工走出去，展示我国产业转型升级、腾笼换鸟、亩产论英雄等的最新发展状况，展示校企协作、重大技术攻关、关键领域与重要产业突破的状况，展示个体与个案在产教学研用一体化进程中的切身体验、亲身实践等，通过点滴传播构筑中国产业发展的"大形象"，凝聚中国产业发展的"大合力"。

参考文献

专著：

臧跃茹、刘红泉、曾铮：《促进混合所有制经济发展研究》，社会科学文献出版社2018年版。

张文魁：《混合所有制与现代企业制度》，人民出版社2017年版。

和震、李玉珠、魏明：《职业教育产教融合制度创新》，科学出版社2018年版。

李正图：《混合所有制经济研究》，上海社会科学院出版社2016年版。

厉以宁：《中国道路与混合所有制经济》，商务印书馆2014年版。

青木昌彦、钱颖一：《转轨经济中的公司治理结构：内部人控制和银行的作用》，中国经济出版社1995年版。

王勇、邓峰、金鹏剑：《混改下一步：新时代混合所有制改革的新思路》，清华大学出版社2018年版。

期刊：

鲍风雨、杨科举：《新时代高等职业教育"工匠精神"的培养策略》，《中国高等教育》2018年第20期。

段明、黄镇：《公办高职院校经营性资产参与的混合所有制办学模式研究》，《中国高教研究》2018年第3期。

高文杰：《混合所有制职业院校的内涵与意义及其治理分析》，《职教论坛》2015年第30期。

郭盛煌：《职业教育混合所有制办学的典型业态、实践之惑与治理路向》，《教育与职业》2018年第7期。

黄南铨：《公办高职院校混合所有制改革的法律困境及其出路》，《中国职业技术教育》2018年第24期。

蒋金伟、王明吉：《公办高职院校混合所有制改革路径——PPP模式推行措施研究》，《中国职业技术教育》2018年第15期。

雷承波、阙明坤：《我国发展营利性民办高校若干难点分析及相关建议》，《教育与职业》2017年第7期。

雷世平、卢竹：《多学科视角下的混合所有制职业院校属性论》，《职教论坛》2017年第28期。

雷世平：《历史发展、现实困惑与根本突破——我国混合所有制职业院校办学的再思考》，《职业技术教育》2018年第22期。

罗先锋、潘懋元：《高校混合所有制办学形式研究》，《高职教育研究》2018年第5期。

李永波：《发展混合所有制职业院校的现实意义、困境与对策》，《教育与职业》2018年第12期。

励效杰：《职业教育混合所有制改革的目标和路径》，《职业技术教育》2017年第22期。

刘家枢：《混合所有制——高职院校产教深度融合的路径与模式思考》，《职教论坛》2015年第4期。

刘澍：《混合所有制多元办学主体的利益诉求与整合》，《职教论坛》2018年第12期。

卢竹：《非公有资本参与混合所有制职业院校办学的深层思考》，《职教论坛》2019年第5期。

牛士华：《混合所有制职业院校产学研用协同育人模式探索》，《中国职业技术教育》2017年第20期。

牛彦飞、吴洁、潘新民：《高职院校混合所有制办学的实践探索与思考》，《教育与职业》2018年第3期。

潘奇：《混合所有制职业院校改革的进展、路径及值得关注的问题——基于4所案例院校的分析》，《教育与经济》2018年第2期。

孙霄兵：《新形势下独立学院的转型与发展》，《中国高等教育》2019年第Z1期。

童卫军、任占营《发展混合所有制职业院校的问题对策与实现形式》，《高等工程教育研究》2016年第03期。

万卫：《混合所有制改革与职业院校治理》，《职教论坛》2017年第7期。

万卫：《混合所有制职业院校共同治理的逻辑基础与实现方式》，《职教论坛》2018年第3期。

王刚：《职业教育混合所有制改革相关利益主体的博弈分析》，《河北职业教育》2017年第2期。

王靖：《新时代工匠精神的价值内涵与大学生职业精神的塑造》，《中国高等教育》2019年第5期。

王俊杰：《高等职业教育混合所有制改革的基本定位及其实践路径》，《中国高教研究》2017年第6期。

王志兵：《高职院校混合所有制改革的逻辑、政策与内涵》，《教育与职业》2019年第8期。

王志明、黄宇慧、段淑娟：《混合所有制二级学院建设的探索与实践》，《中国职业技术教育》2018年第10期。

俞林、周桂瑾：《职业院校混合所有制办学模式及治理研究》，《职教论坛》2017年第28期。

张蕾：《混合所有制职业院校的发展困境与破解思路》，《职业技术教育》2018年第1期。

郑荣奕、陈伟：《高职院校混合所有制改革的反思与建构》，《高教探索》2018年第8期。

赵锋：《利益相关者视角下的高职院校治理机制探析》，《职业技术教育》2018年第8期。

赵章彬：《高等职业院校混合所有制改革研究——从治理体系角度》，《中国职业技术教育》2019年第4期。

赵小东：《营利何以正当：混合所有制职业院校法人属性再探》，《职业技术教育》2018年第13期。

博士论文：

戴保民：《关于国有企业发展混合所有制的探讨》，博士学位论文，中国社会科学院，2017年，第47页。

丁然：《我国混合所有制演化研究》，博士学位论文，北京交通大学，2018年，第13页。

马光威：《中国国有企业混合所有制改革：动因、制约与路径》，博士学位论文，深圳大学，2018年，第18—19页。

陈旭：《基于利益相关者视角的商业银行公司治理与经营绩效研究》，博士学位论文，湘潭大学，2017年，第20页。

安然：《中国国有商业银行混合所有制改革研究》，博士学位论文，吉林大学，2017年，第41页。